100 %
VISUEL



# Windows® Phone 8

Nicolas Boudier-Ducloy



Micro
Application

# SOMMAIRE

## 1 PRENDRE EN MAIN LE NOKIA LUMIA 920



## 2 RÉGLER VOTRE SMARTPHONE



## 3 COMMUNIQUER, ÉCHANGER

## 4 NAVIGUER SUR INTERNET



## 5 PHOTOGRAPHIER, FILMER, VISIONNER, ECOUTER

# SOMMAIRE

## 6 GÉRER APPLICATIONS ET MUSIQUE



## 7 UTILISER LA TÉLÉPHONIE



## 8 SE DÉPLACER, EXPLORER

# CHAPITRE 1

# PRENDRE EN MAIN LE NOKIA LUMIA 920

# Faire le tour

Avant d'utiliser votre Nokia Lumia 920 fonctionnant avec Windows Phone 8, il est nécessaire d'en faire le tour extérieur pour découvrir les différents boutons et touches qui le composent. Vous serez ainsi plus à l'aise pour l'utiliser.

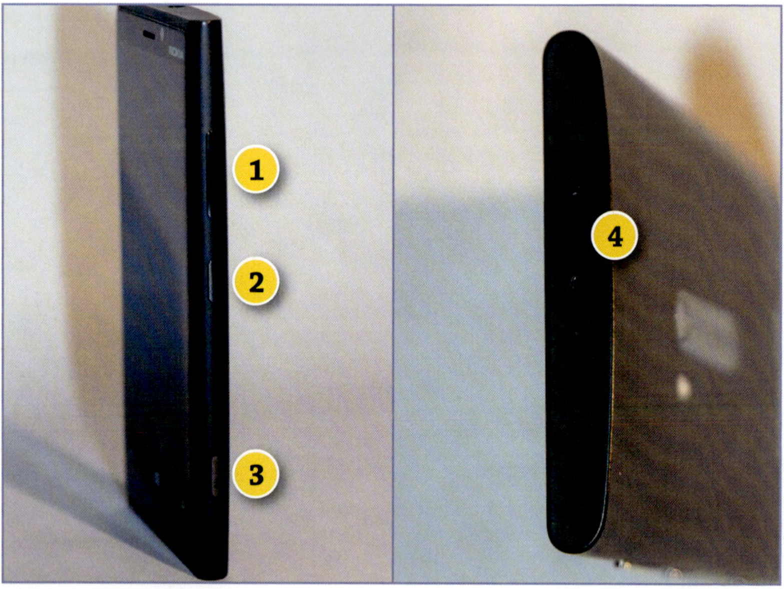


1 Sur la tranche droite sont placés quatre boutons. Les deux premiers, sur le haut de la tranche, permettent de monter et de diminuer le volume général.

2 Le bouton au milieu permet la mise sous tension et la mise en veille du smartphone.

3 Le bouton du bas est utilisé avec l'appareil photo pour déclencher la prise de vue.

4 Sur la tranche du haut sont situés la trappe pour l'insertion de la carte micro-SIM ainsi que le connecteur de la prise casque.

**CONNECTEUR MINI-USB** Le connecteur mini-USB est un connecteur standard et non un élément propriétaire de Nokia. Cela signifie que vous pouvez utiliser n'importe quel autre câble avec cette connexion pour relier votre téléphone à un ordinateur. D'autres matériels utilisent cette connexion comme des disques durs externes ou des appareils photo numériques.

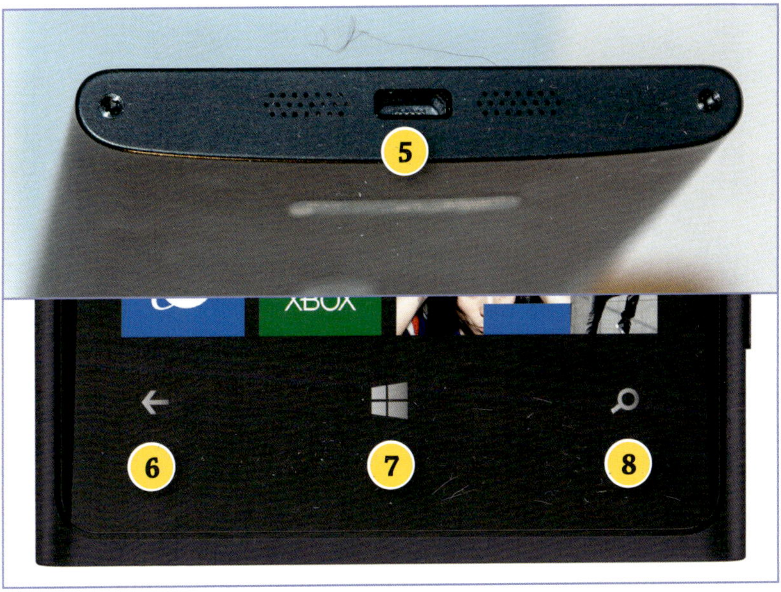


**5** Sur la tranche du bas est placé le connecteur mini-USB permettant la connexion à un ordinateur et le branchement de l'alimentation électrique. De chaque côté sont placés les haut-parleurs.

**6** Sur la façade sont placées trois touches tactiles. La touche avec la flèche vers la gauche est la touche **Retour**.

**7** La touche avec le logo Windows est la touche **Démarrer**.

**8** La touche avec la loupe est la touche **Recherche**.

# Insérer la carte SIM

Pour profiter pleinement des fonctions de communication de votre téléphone, vous devez insérer la carte SIM fournie par votre opérateur téléphonique.

1 Pour insérer votre carte SIM, votre téléphone doit être hors tension.

2 Insérez la clé fournie (ou un trombone) dans le trou du logement de la carte SIM et appuyez fortement pour ouvrir la trappe.

**SANS LA CARTE SIM** **Vous pouvez utiliser votre téléphone Lumia 920 sans la carte SIM. Vous aurez accès à toutes les fonctions de votre mobile sauf les fonctions liées à la téléphonie. Certaines fonctions de géolocalisation peuvent être aussi restreintes sauf en utilisant le GPS. Et, pour accéder à Internet, vous devrez utiliser une connexion Wi-Fi.**

3 Insérez votre carte SIM, au format Micro, dans le logement prévu à cet effet.

4 Repoussez le logement à fond pour finir l'insertion de la carte SIM.

5 Démarrez votre téléphone en effectuant un appui long sur le bouton de mise sous tension.

# Démarrage

Maintenant que vous avez fait le tour de votre téléphone et que votre carte SIM est insérée, vous êtes prêt à démarrer votre téléphone et ainsi découvrir Windows Phone 8.

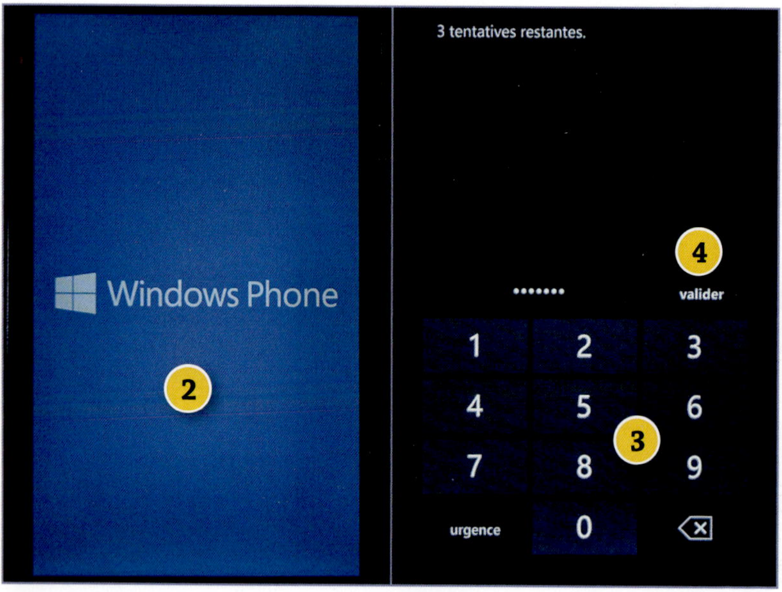


**1** Effectuez un appui long sur le bouton de mise sous tension.

**2** Le téléphone démarre et le logo Nokia est affiché, suivi du logo de Windows Phone 8.

**3** Vous devez ensuite saisir le code PIN de votre carte SIM à l'aide du clavier virtuel. Ce code vous a été fourni par votre opérateur téléphonique avec votre carte SIM.

**4** Appuyez sur **Valider** pour confirmer votre code de carte SIM.

**PREMIER CHARGEMENT** **Il est recommandé de charger complètement la batterie lors de la première utilisation. Cela n'empêche pas l'utilisation du téléphone, mais ne le débranchez pas avant le chargement complet. Son chargement sera plus rapide s'il n'est pas utilisé et s'il est fait directement sur une prise de courant et non *via* le port USB d'un ordinateur.**

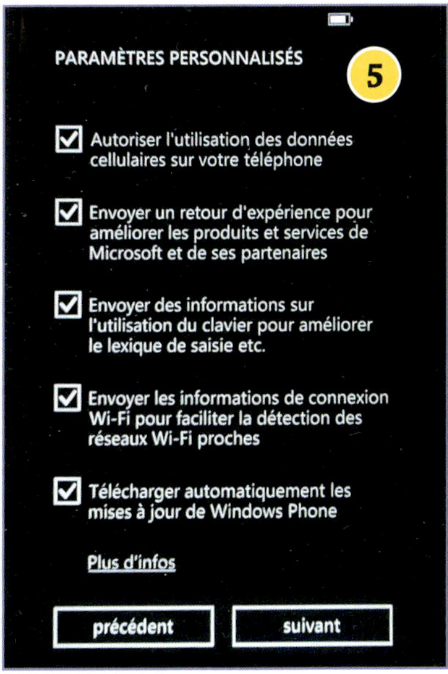

**5** Le premier démarrage nécessite plusieurs étapes durant lesquelles vous devrez choisir, entre autres, la langue du téléphone, accepter les conditions d'utilisation de Windows Phone 8, choisir les paramètres principaux, ou encore vous connecter à différents comptes tels qu'Outlook, Facebook, ou Twitter.

**6** Après ces différentes étapes, qui ne prennent que quelques minutes, l'écran d'accueil de Windows Phone 8 est affiché.

# L'écran d'accueil

L'écran d'accueil est l'interface principale de votre téléphone. Vous serez en contact la plupart du temps avec cet écran, d'autant plus qu'il est dynamique. En effet, sans même démarrer d'applications, beaucoup d'informations sont affichées en permanence si vous êtes connecté à Internet.

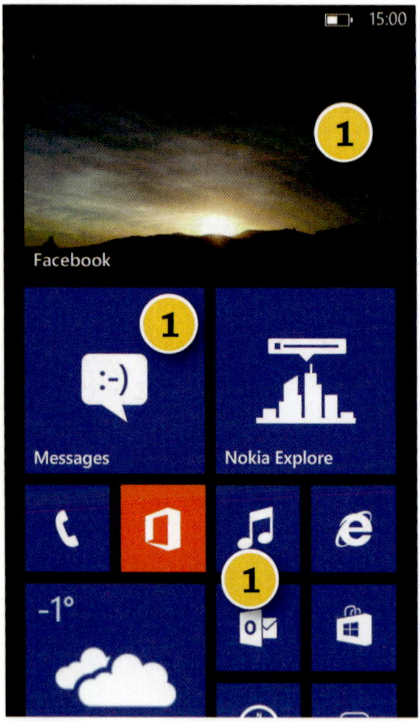


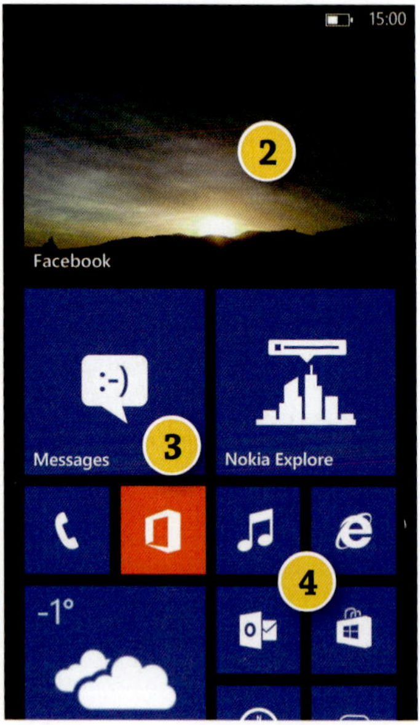


**1** Chaque carré ou rectangle s'appelle une vignette et correspond à une application ou à une fonction du smartphone.

**2** Certaines vignettes affichent dynamiquement du contenu si une connexion Internet est active (Wi-Fi ou connexion data).

**3** Lorsque la vignette est assez grande, le nom de l'application ou de la fonction est affiché.

**4** Lorsque la vignette est petite, seule l'icône de l'application ou de la fonction est affichée.

**PERSONNALISATION DES VIGNETTES** **Il est possible de personnaliser la position et la taille des vignettes. Ces fonctions sont abordées dans le dernier chapitre de cet ouvrage.**

**5** Beaucoup de vignettes peuvent être placées sur l'écran d'accueil et elles peuvent ne pas être toutes visibles. Vous devez déplacer le contenu de l'écran d'accueil. Appuyez sur l'écran avec un doigt, maintenez la pression et déplacez votre doigt vers le haut.

**6** Le contenu de l'écran d'accueil situé plus bas est affiché.

# L'écran de verrouillage

Lorsque vous sortez le téléphone de veille en appuyant sur le bouton de mise sous tension, l'écran de verrouillage est affiché. Cet écran peut afficher plusieurs informations et protéger l'accès à votre téléphone à l'aide d'un mot de passe.

**1** L'écran de verrouillage affiche une photo en fond d'écran. Il est possible de choisir cette photo dans le hub photo. Cela est expliqué plus loin dans cet ouvrage.

**2** L'heure et la date sont affichées.

**3** Si une ou plusieurs alarmes sont paramétrées, une icône est affichée à droite de l'heure.

**4** Tout en haut sont affichées plusieurs icônes. Celle de gauche indique la puissance de réception du signal avec la norme active (3G, H, H+, etc.).

**5** L'icône du centre indique si une connexion Wi-Fi est active.

**6** L'icône de droite indique le niveau de batterie restant et si le smartphone est en charge.

**NUMÉRO D'URGENCE** Avec le bouton urgence, vous pouvez appeler le numéro d'urgence du pays dans lequel vous êtes. Dans la plupart des États membres de l'Union européenne, ce numéro est le 112 et il est gratuit. En France, le 15 pour le Samu et le 18 pour les pompiers sont toujours actifs, le 112 redirigeant les appels vers ces numéros.

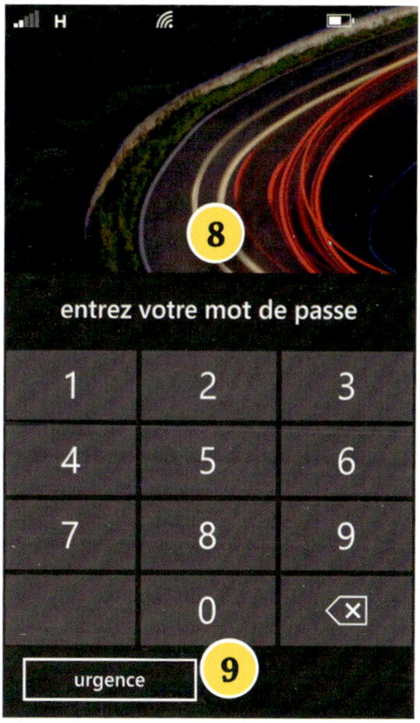


**7** Pour déverrouiller votre smartphone, appuyez sur l'écran avec un doigt, maintenez la pression et déplacez votre doigt vers le haut. C'est un balayage vertical.

**8** Si vous avez paramétré un mot de passe, saisissez-le à l'aide du clavier virtuel. Il n'y a pas de validation, le déverrouillage s'effectue automatiquement une fois le bon code saisi.

**9** Le bouton **urgence** permet d'accéder aux numéros d'urgence sans utiliser le mot de passe.

**10** Si vous n'avez pas de mot de passe, vous arrivez directement sur l'écran d'accueil.

# Les gestes tactiles

Avec un smartphone à écran tactile, il est nécessaire d'utiliser un ou plusieurs doigts pour effectuer des gestes et contrôler les fonctions de votre mobile. Il n'y en a pas beaucoup et ils sont assez intuitifs.

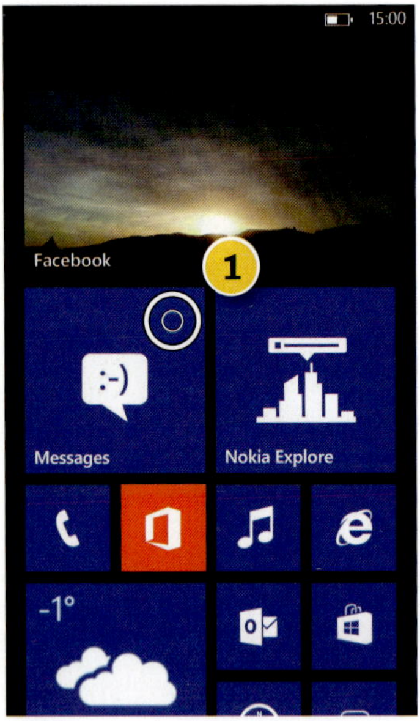

**1** Une simple pression sur une vignette de l'écran d'accueil permet d'accéder à l'application ou à la fonction de la vignette. Effectuez aussi une pression pour appuyer sur un bouton ou pour activer un champ dans lequel vous devez saisir du texte.

**2** Le balayage consiste à effectuer une pression, à maintenir cette pression puis à déplacer le doigt dans une direction. Pour l'écran de verrouillage de la fiche 5, c'est un balayage vertical qui est effectué. En fonction des applications, ce balayage peut être dans d'autres directions.

**DANS LES APPLICATIONS** Ces gestes tactiles peuvent être utilisés dans les applications ou dans des jeux. D'autres gestes peuvent exister comme pour les applications de dessin, qui nécessitent un déplacement non linéaire du ou des doigts.

3 Certaines applications, comme le hub photo ou une carte routière, permettent d'agrandir ou de rétrécir un élément. Pour agrandir un élément, placez deux doigts sur l'écran puis écartez-les en diagonale.

4 Pour rétrécir un élément, placez deux doigts sur l'écran puis rapprochez-les en diagonale.

# Le clavier virtuel

Pour saisir du texte dans les champs prévus à cet effet, votre smartphone Windows Phone 8 dispose d'un clavier virtuel. Il peut même vous aider à saisir plus rapidement du texte.

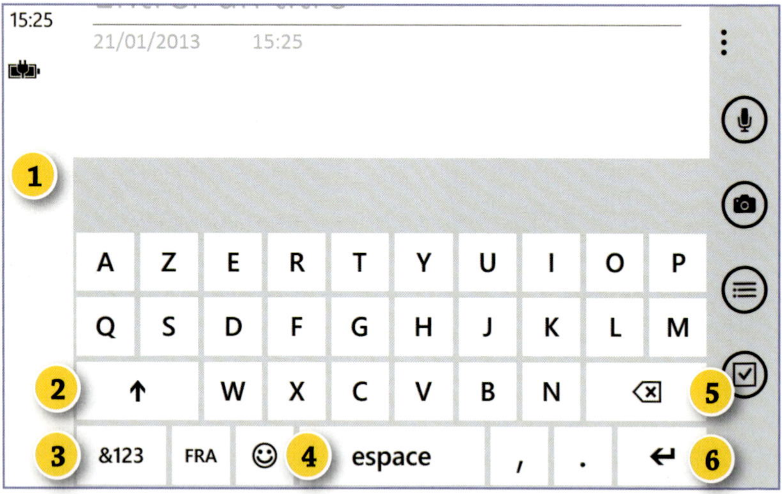


**1** Lorsqu'une application nécessite du texte, le clavier virtuel apparaît automatiquement. Il peut varier légèrement en fonction des applications.

**2** Cette touche est la touche **Maj** et permet de saisir les caractères en majuscules.

**3** Cette touche permet d'accéder aux chiffres et symboles.

**4** Cette touche affiche les différentes émoticônes disponibles.

**5** La touche **Retour arrière** permet d'effacer le texte saisi en partant de la gauche.

**6** La touche **Entrée** permet soit d'ajouter des lignes lorsque c'est possible soit de valider le texte saisi.

**BASCULEMENT AUTOMATIQUE** **Si l'application le permet, vous pouvez basculer votre téléphone sur le côté. Le clavier virtuel basculera aussi et vous offrira des touches un peu plus grandes et donc plus aptes à la saisie de long texte.**

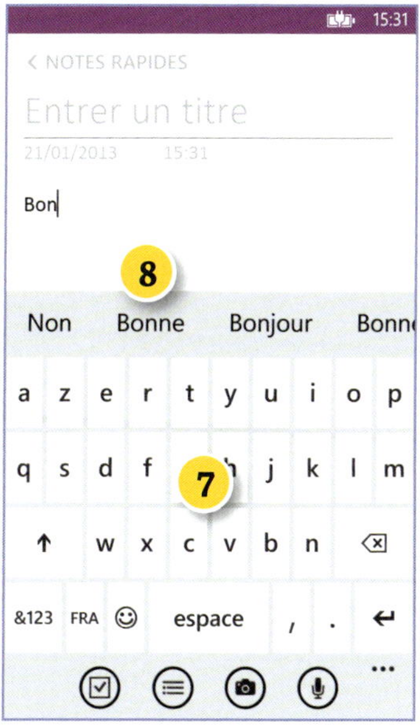


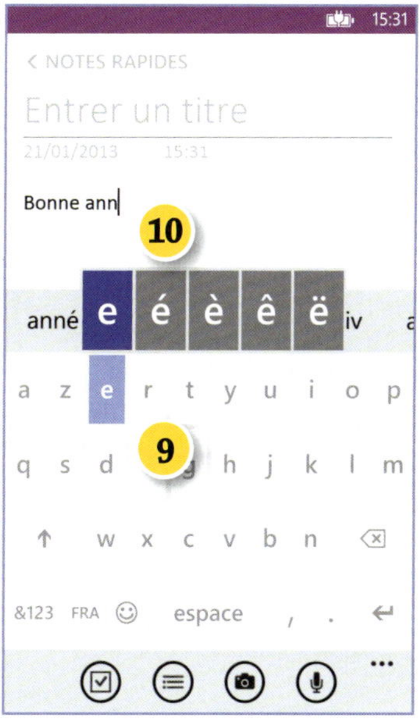


**7** Pour saisir du texte, appuyez successivement sur les touches qui composent le texte.

**8** Après avoir saisi les premières lettres, des suggestions pour compléter le mot sont affichées au-dessus du clavier. Appuyez sur le mot de votre choix pour qu'il soit automatiquement inséré, sinon continuez à saisir votre texte.

**9** Si votre texte comporte des voyelles accentuées, effectuez un appui long sur cette voyelle.

**10** La liste des voyelles accentuées est affichée. Appuyez sur celle de votre choix pour l'insérer dans votre texte.

# Le clavier virtuel

Il n'y a pas que des lettres dans un texte. Le clavier virtuel de Windows Phone 8 dispose aussi d'une partie numérique, avec chiffres et symboles, ainsi que d'une galerie d'émoticônes pour accentuer votre humeur dans vos textes.

**11** Lorsque vous appuyez sur la touche d'accès aux chiffres et symboles, les touches du clavier sont modifiées.

**12** Appuyez sur les symboles de votre choix.

**13** Appuyez sur cette touche pour revenir au clavier alphabétique.

**PAS D'AUTRES CLAVIERS Pour le moment, il n'est pas possible d'installer et d'utiliser d'autres claviers que celui proposé par défaut avec Windows Phone 8. Néanmoins, il dispose de toutes les fonctions nécessaires pour saisir correctement du texte.**

**14** Lorsque vous appuyez sur la touche d'accès aux émoticônes, les touches du clavier sont modifiées.

**15** Vous pouvez effectuer un balayage vertical pour naviguer dans la liste des émoticônes.

**16** Appuyez sur cette touche pour revenir au clavier alphabétique.

# Éteindre son smartphone

Éteindre son téléphone permet principalement d'économiser de la batterie. Normalement, l'installation d'application ne nécessite pas d'éteindre ni de redémarrer son smartphone. Une mise à jour importante du système peut demander le redémarrage et un message vous le demandera.

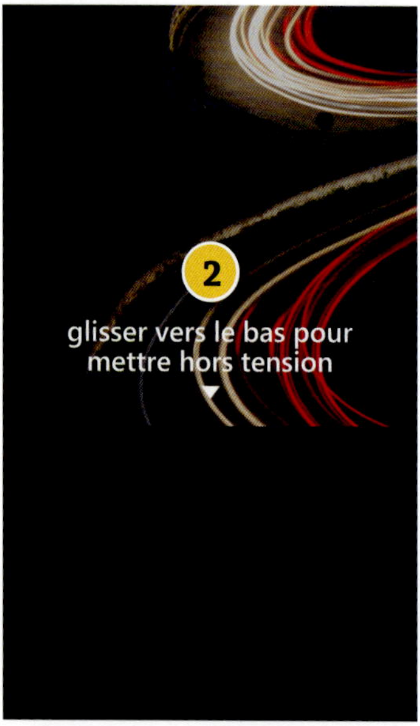


1 Pour éteindre votre smartphone, effectuez un appui prolongé sur le bouton de mise sous tension.

2 Un message vous invite à effectuer un balayage vers le bas pour éteindre votre téléphone.

**BATTERIE NON AMOVIBLE** Une autre technique d'extinction d'un téléphone est de retirer la batterie. Cela n'est pas possible avec le Nokia Lumia 920 car la batterie n'est pas amovible. Si elle vous semble défectueuse, vous devez apporter votre téléphone à un revendeur agréé Nokia.

**3** Si votre téléphone se bloque et que la procédure précédente ne fonctionne pas ou ne peut être activée, appuyez sur le bouton du volume bas et sur le bouton de mise sous tension pendant 10 secondes.

**4** Le téléphone s'éteindra.

# Mettre en charge

L'autonomie d'une batterie n'est pas éternelle et il faut donc la recharger. C'est une procédure simple, mais un ordre de branchement doit être respecté.

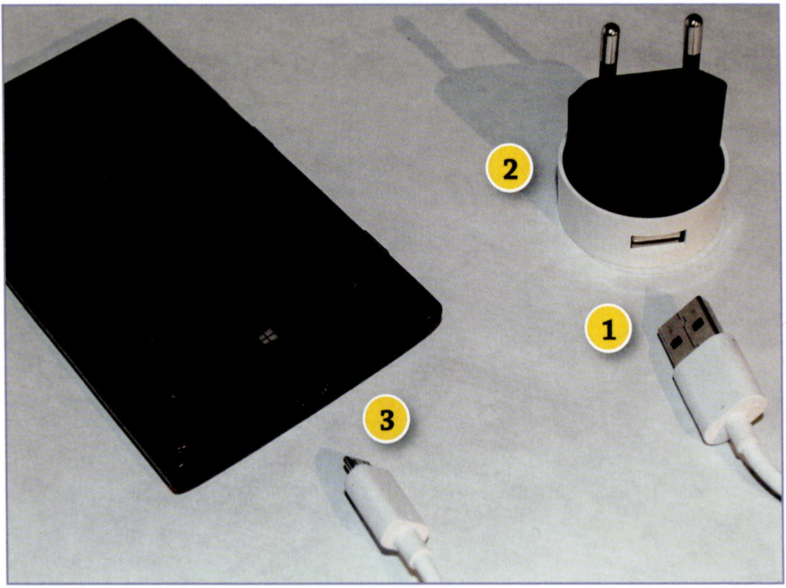


**1** Connectez le câble USB au chargeur.

**2** Connectez le chargeur à la prise électrique.

**3** Connectez la prise micro-USB à votre téléphone.

**4** Une fois le téléphone chargé, commencez par débrancher la prise micro-USB puis la prise électrique.

**PENDANT LA CHARGE** **Lorsque votre téléphone est en charge, vous pouvez tout à fait l'utiliser. S'il est hors tension au moment de la mise en charge, il se met sous tension automatiquement. Il peut tout de même s'écouler un laps de temps avant son utilisation si la batterie était complètement déchargée.**

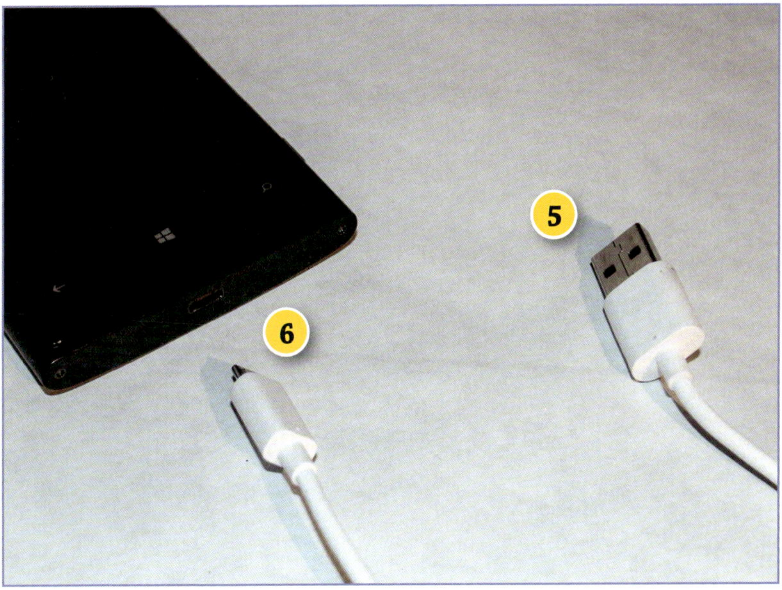


5 Vous pouvez aussi connecter la prise USB à un port USB d'un ordinateur.

6 Puis connectez la prise micro-USB à votre téléphone.

7 Une fois le téléphone chargé, commencez par débrancher la prise micro-USB puis la prise USB de l'ordinateur.

# CHAPITRE 2

# RÉGLER VOTRE SMARTPHONE

# Accéder aux paramètres

Même si votre smartphone peut être utilisé directement après son achat et l'insertion de la carte SIM, vous pouvez régler certains paramètres pour le configurer à votre usage. Les principaux paramètres sont abordés dans ce chapitre.

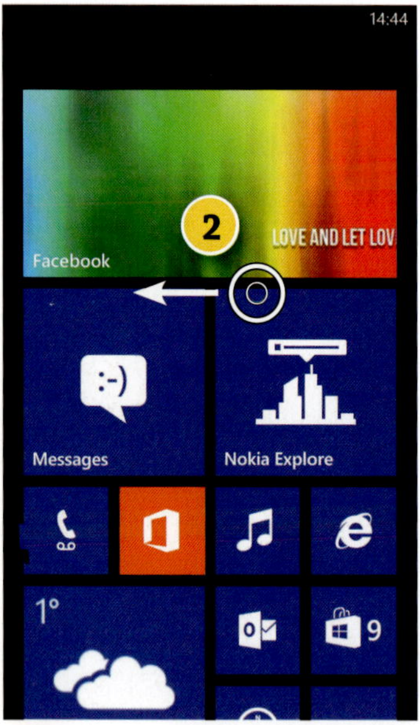

1 Déverrouillez votre téléphone.

2 Effectuez un balayage vers la gauche pour accéder à toutes les fonctions du smartphone.

3 Dans la liste qui s'affiche, balayez vers le haut pour afficher les éléments inférieurs.

**À TOUT MOMENT Vous pouvez accéder aux paramètres de votre smartphone et les modifier à tout moment. Certains réglages peuvent désactiver des fonctions de votre smartphone. Pensez-y si une application ne fonctionne pas correctement (GPS, WI-FI, etc.).**

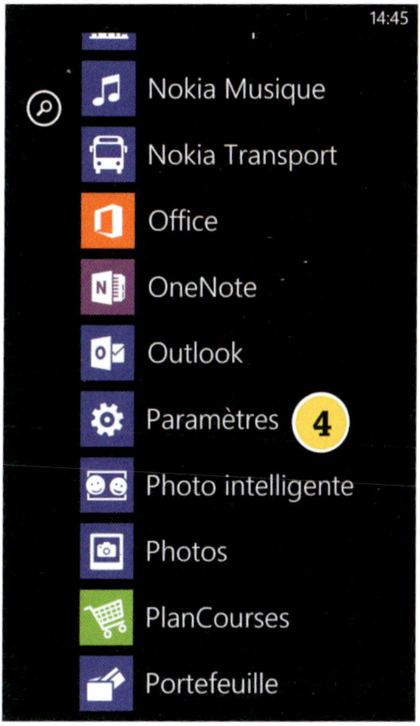


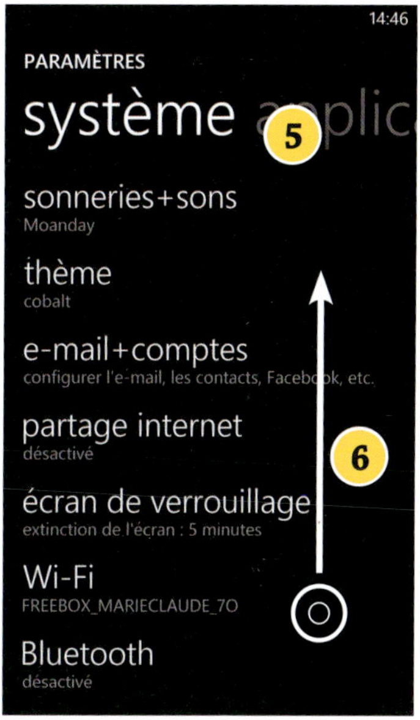


4 Atteignez **Paramètres** et appuyez dessus.

5 La liste des paramètres est affichée.

6 Effectuez un balayage vers le haut pour naviguer dans la liste des paramètres.

# Wi-Fi

Le Wi-Fi est un moyen de connexion très utile si votre forfait téléphonique ne dispose pas d'un forfait de données important, voire pas du tout. Chez vous, dans un bar/restaurant ou encore dans une gare, vous pouvez alors profiter d'une connexion Internet.

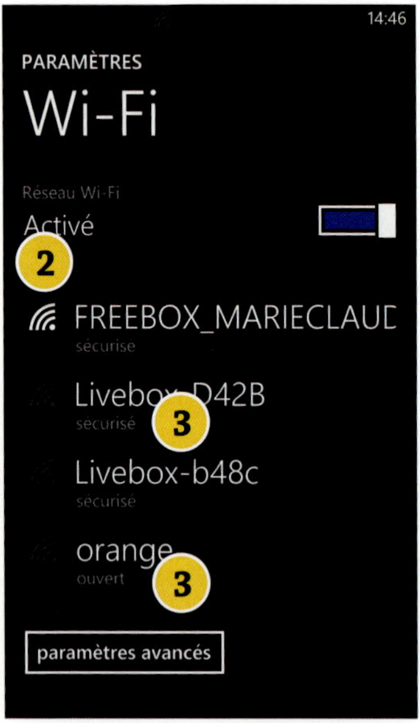


**1** Déverrouillez votre smartphone, accédez aux paramètres en suivant la procédure de la fiche précédente et, dans la liste des paramètres, appuyez sur **Wi-Fi**.

**2** Les noms des réseaux disponibles alentour sont affichés. Le symbole avant le nom des réseaux indique la puissance du signal. Plus il y a d'arcs de cercle blancs, plus le signal est puissant.

**3** L'indication sous le nom du réseau indique s'il est protégé ou en accès libre. La mention **sécurisé** indique l'obligation de posséder un mot de passe. La mention **ouvert** indique que le réseau peut être en accès libre ou soumis à l'obtention d'un mot de passe *via* un site Internet.

**WI-FI DE VOTRE FOURNISSEUR** Beaucoup de fournisseurs d'accès à Internet proposent des accès Wi-Fi gratuits en utilisant les box de leur réseau. Généralement, les codes d'accès à ces "hotspots" Wi-Fi vous sont communiqués lors de votre abonnement avec vos autres codes d'accès et d'e-mails.

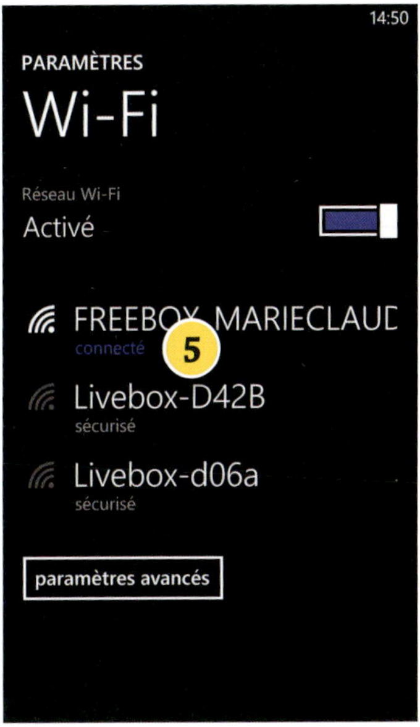


**4** Appuyez sur le nom du réseau de votre choix. S'il est sécurisé, saisissez le mot de passe correspondant.

**5** Une fois la connexion établie, la mention **connecté** est affichée en bleu sous le nom du réseau.

# Le thème

Par défaut, le thème graphique est bleu cobalt avec un fond noir. La couleur est utilisée pour les vignettes de l'interface, mais aussi pour certains textes. Vous pouvez modifier la couleur du thème et celle du fond.

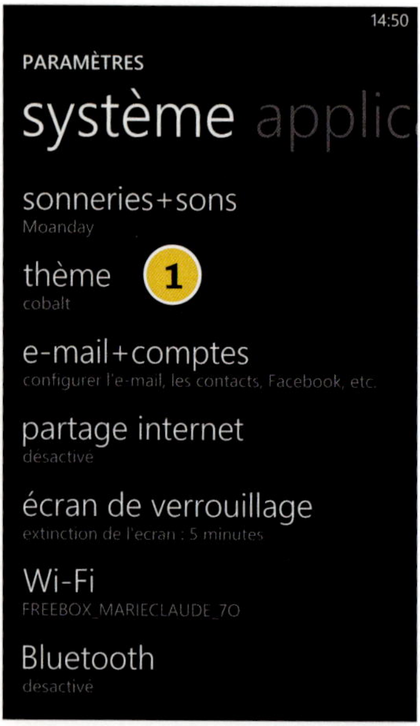


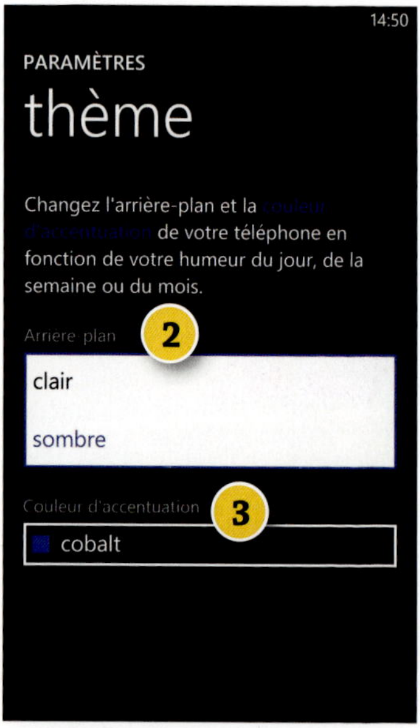


**1** Déverrouillez votre smartphone, accédez aux paramètres en suivant la procédure de la fiche 10 et, dans la liste des paramètres, appuyez sur **thème**.

**2** Appuyez sur **Arrière-plan** afin de choisir entre un arrière-plan sombre ou clair.

**3** Appuyez sur **Couleur d'accentuation** afin d'afficher la palette de couleurs disponibles pour les vignettes et le texte mis en avant.

**PAS D'AUTRES CHOIX** Pour la couleur du thème, vous n'avez pas d'autres choix que parmi celles proposées. Il en est de même pour l'arrière-plan, qui ne peut être que sombre ou clair.

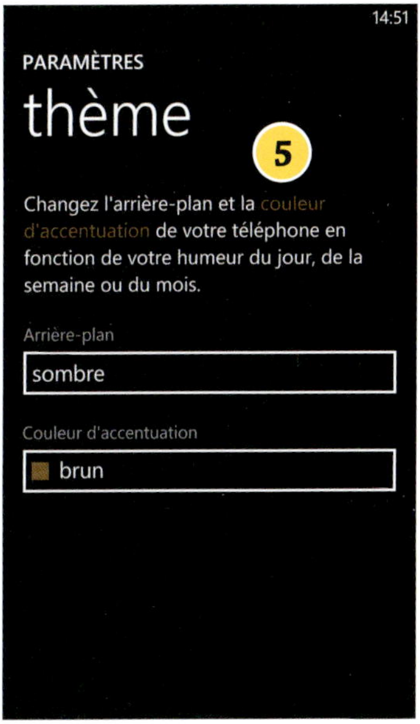


**4** Appuyez sur le carré de couleur de votre choix.

**5** Les changements sont visibles immédiatement avec le texte mis en surbrillance avec la couleur sélectionnée.

# Écran de verrouillage

C'est avec l'écran de verrouillage que vous définissez le délai de mise en veille de votre smartphone et que vous en protégez l'accès en définissant un mot de passe. Il permet aussi d'afficher directement certaines notifications d'applications.

1 Déverrouillez votre smartphone, accédez aux paramètres en suivant la procédure de la fiche 10 et, dans la liste des paramètres, appuyez sur **écran de verrouillage**.

2 Appuyez sur **Arrière-plan** afin de choisir une photo qui sera affichée sur l'écran de verrouillage.

3 Si vous écoutez de la musique, vous pouvez afficher le nom de l'artiste en cours de lecture en activant cette fonction.

4 Vous pouvez choisir d'afficher les notifications en détail d'une application. Par défaut, c'est l'application **Calendrier** qui est sélectionnée. Appuyez dessus pour choisir une autre application ou aucune.

**NOTIFICATIONS SUR L'ÉCRAN DE VERROUILLAGE L'avantage d'afficher certaines notifications directement sur l'écran de verrouillage est que vous n'avez pas besoin d'accéder à l'application pour avoir les informations. Un gain de temps non négligeable.**

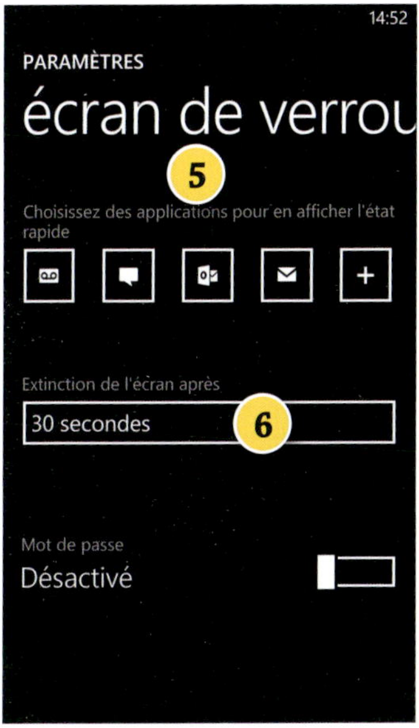


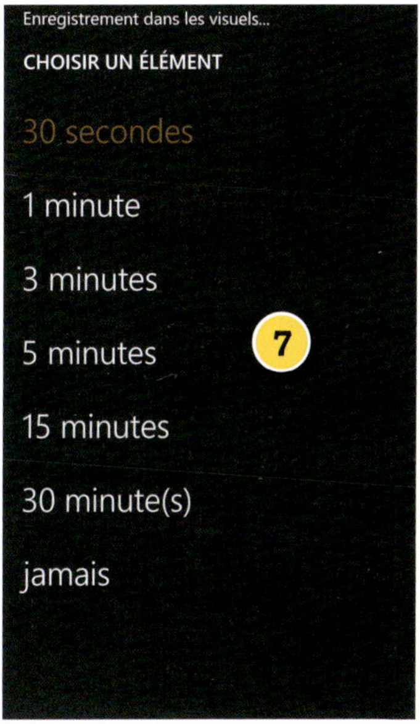


**5** Vous pouvez afficher les notifications rapides de cinq applications en appuyant sur l'un des carrés puis en choisissant l'application de votre choix.

**6** La zone **Extinction de l'écran après** vous permet de définir le délai avant la mise en veille de votre smartphone. Appuyez sur la durée affichée pour choisir celle de votre choix.

**7** Le délai de mise en veille peut aller de 30 secondes à Jamais. Avec la dernière option, vous devrez mettre en veille manuellement votre smartphone en appuyant sur le bouton de mise sous tension.

# Écran de verrouillage

Le mot de passe permet de protéger l'accès à tout le contenu de votre téléphone. Il est composé d'une série de chiffres que vous devez définir.

**8** Par défaut, l'accès à votre smartphone n'est pas protégé par l'écran de verrouillage. Vous pouvez définir un mot de passe. Dans la zone **Mot de passe**, appuyez sur le switch pour activer la fonction.

**9** Appuyez dans le premier champ et, à l'aide du clavier numérique, saisissez votre mot de passe.

**10** Saisissez de nouveau le mot de passe dans le champ **Confirmez le mot de passe**.

**11** Avec les cases **Afficher le mot de passe** vous pouvez afficher les mots de passe en clair pour les vérifier.

**COMPLEXITÉ DU MOT DE PASSE Même s'il n'est composé que de chiffres, votre mot de passe peut avoir une complexité plus ou moins grande. Évitez les suites classiques (1 2 3 4 5 etc.) ou la répétition de chiffres. De même, plus le mot de passe est long, plus il sera difficile de le deviner.**

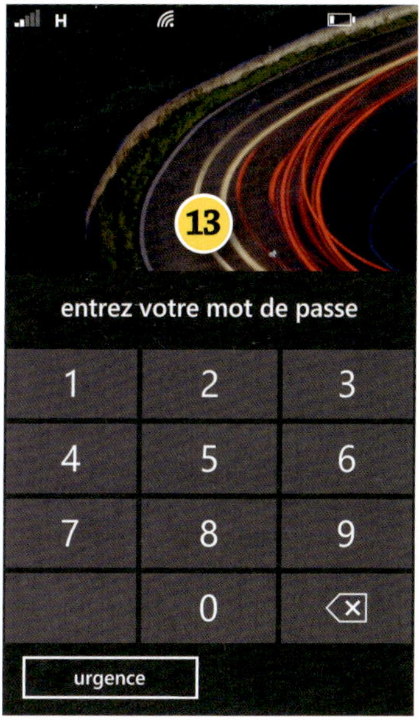


12 Si les deux mots de passe concordent, le bouton **Terminer**, en bas à gauche, devient actif. Appuyez dessus pour valider votre mot de passe.

13 Sur l'écran de verrouillage avec le mot de passe, vous devez faire un balayage vers le haut et saisir le mot de passe pour accéder au contenu de votre smartphone.

# Date et heure

L'heure et la date de votre smartphone sont normalement fournies par le réseau de votre opérateur téléphonique. Néanmoins, vous pouvez paramétrer manuellement ces éléments.

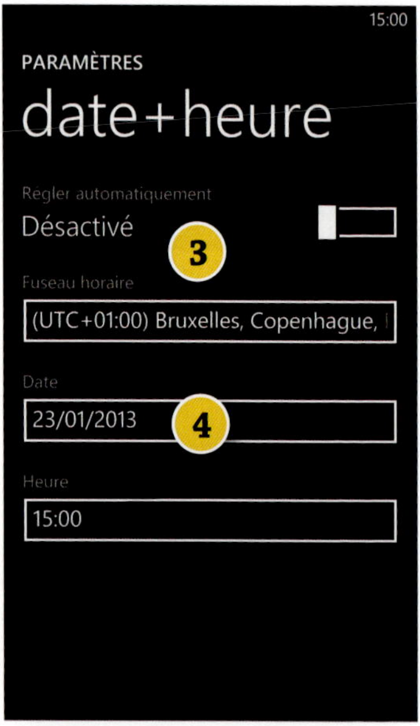


1 Déverrouillez votre smartphone, accédez aux paramètres en suivant la procédure de la fiche 10 et, dans la liste des paramètres, appuyez sur **date+heure**.

2 Si le mode automatique est activé, appuyez sur ce switch.

3 La zone **Fuseau horaire** vous permet de choisir le fuseau horaire de votre choix.

4 Appuyez sur **Date** pour choisir la date de votre choix.

**EN DÉPLACEMENT Lors d'un déplacement avec un changement de fuseau horaire, il est possible que votre smartphone ne se mette pas à jour automatiquement. Essayez de désactiver puis de réactiver la mise à jour automatique. Si cela ne fonctionne pas, vous devrez régler manuellement la date et l'heure.**

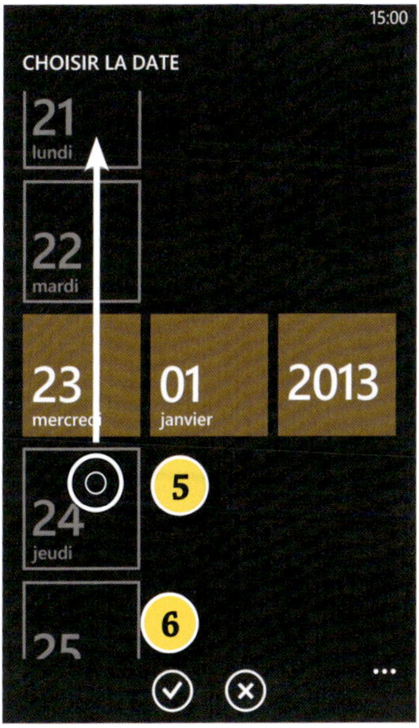

**5** Pour choisir la date, appuyez sur le carré du jour, du mois ou de l'année et effectuez un balayage vers le haut ou vers le bas. Pour atteindre le bon élément, vous pouvez effectuer plusieurs balayages.

**6** Appuyez sur la coche en bas de l'écran pour valider la date.

**7** Pour définir l'heure de votre smartphone, appuyez sur la zone **Heure**. Le choix de l''heure se fait de la même manière que pour la date.

# Luminosité de l'écran

L'écran de votre smartphone dispose de plusieurs niveaux de luminosité. Par défaut, celle-ci s'ajuste automatiquement aux conditions de lumière environnante. Vous pouvez paramétrer manuellement cette luminosité.

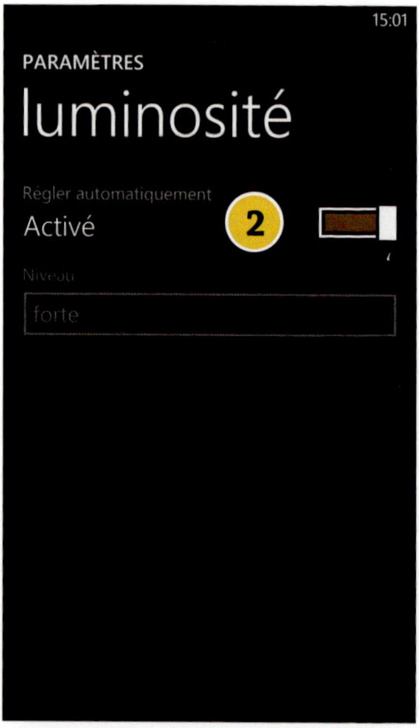


1 Déverrouillez votre smartphone, accédez aux paramètres en suivant la procédure de la fiche 10 et, dans la liste des paramètres, appuyez sur **luminosité**.

2 Appuyez sur le switch de la zone **Régler automatiquement** pour désactiver l'ajustement automatique.

**USAGE DE LA BATTERIE Si vous mettez la luminosité au maximum, l'usage de la batterie sera augmenté et l'automonie de votre smartphone diminuée d'autant. À l'inverse, en diminuant la luminosité, vous pouvez gagner plusieurs minutes d'autonomie, ce qui peut être utile dans certains cas.**

3 Appuyez sur la zone **Niveau** pour choisir la luminosité de votre choix.

4 Vous avez le choix entre **faible**, **moyenne** et **forte**.

# Le clavier

Le clavier virtuel de votre smartphone dispose de plusieurs options. Vous pouvez utiliser plusieurs langues, utiliser les suggestions, la correction automatique et encore d'autres options.

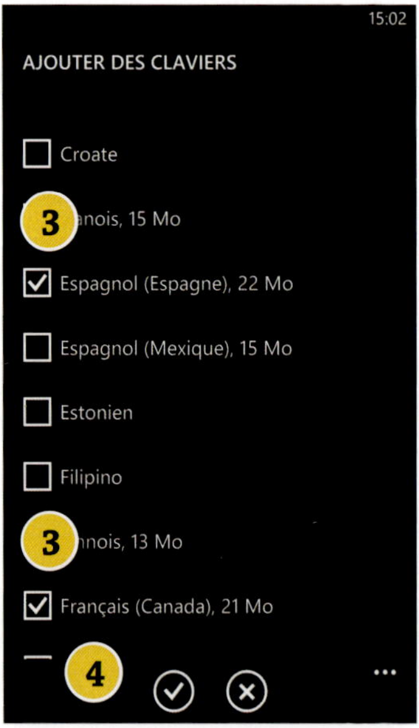


**1** Déverrouillez votre smartphone, accédez aux paramètres en suivant la procédure de la fiche 10 et, dans la liste des paramètres, appuyez sur **clavier**.

**2** Par défaut, l'anglais (États-Unis) et le français sont les deux langues disponibles pour votre smartphone. Pour ajouter d'autres langues, appuyez sur **ajouter des claviers**.

**3** Appuyez sur les cases devant les langues que vous voulez installer.

**4** Appuyez sur la coche en bas de l'écran pour télécharger les fichiers correspondants. Une connexion active à Internet est nécessaire.

**CHANGEMENT DE LANGUE** Pour changer de langue lorsque le clavier est actif, appuyez sur la touche affichant l'abréviation de la langue : FRA pour français, ENG pour anglais, etc. Notez que chaque langue de clavier peut avoir des préférences différentes.

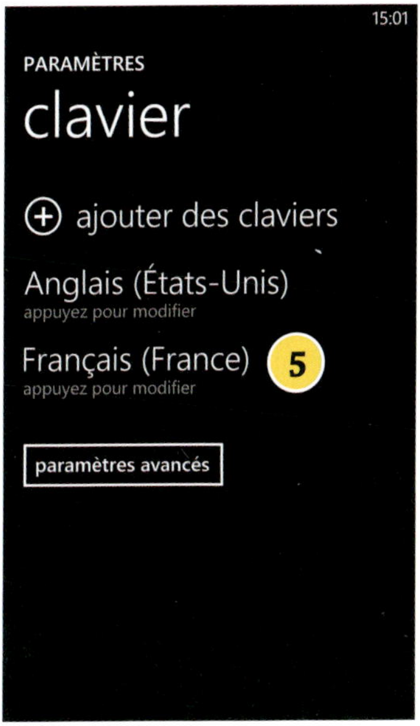


5 Pour personnaliser une langue de clavier, appuyez dessus.

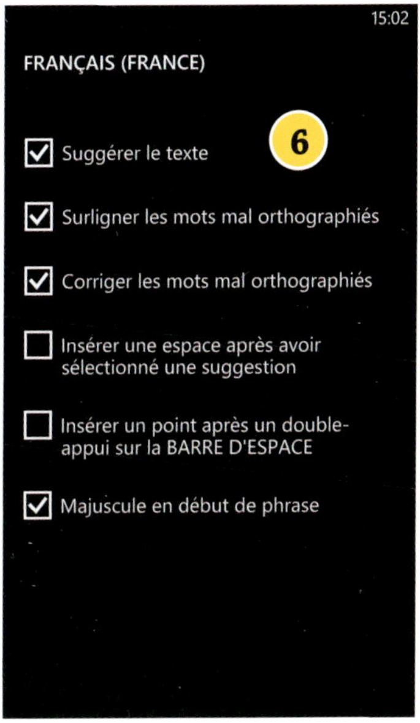


6 Appuyez sur les cases des options que vous voulez activer ou désactiver.

# Langue et région

Vous êtes polyglotte ou vous devez prêter votre smartphone à un ami étranger ? Pas de soucis, avec Windows Phone 8, vous pouvez changer complètement la langue de votre smartphone ainsi que les formats de la date, de la monnaie, etc.

**1** Déverrouillez votre smartphone, accédez aux paramètres en suivant la procédure de la fiche 10 et, dans la liste des paramètres, appuyez sur **langue+région**.

**2** Appuyez sur **Langue du téléphone** pour choisir la langue de votre choix.

**3** Appuyez sur **Pays/région** pour choisir la région ou le pays de votre choix. Cela peut influencer certains programmes.

**4** Appuyez sur **Format régional** pour choisir le style d'affichage de la date et de l'heure ainsi que la devise utilisée dans les applications.

**CHANGEMENT DE LANGUE** **Lorsque vous changez la langue de votre smartphone, certains fichiers peuvent être téléchargés. Ils concernent l'accélérateur de saisie pour le clavier et la reconnaissance vocale. Ils ne sont pas obligatoires, mais certaines fonctions de votre smartphone ne seront pas actives.**

**5** Appuyez sur **Langue de navigation et de recherche** pour choisir la langue utilisée par les applications **Internet Explorer** et **Bing**.

**6** Pour que les changements soient appliqués, vous devez redémarrer votre smartphone en appuyant sur **redémarrer le téléphone**.

# CHAPITRE 3

# COMMUNIQUER, ÉCHANGER

# Créer un compte Microsoft

Windows Phone 8 a été développé pour fonctionner de manière connectée à Internet, que ce soit *via* le réseau téléphonique ou par Wi-Fi. Cela se traduit par une interconnexion poussée avec les services Microsoft et l'utilisation d'un compte Microsoft.

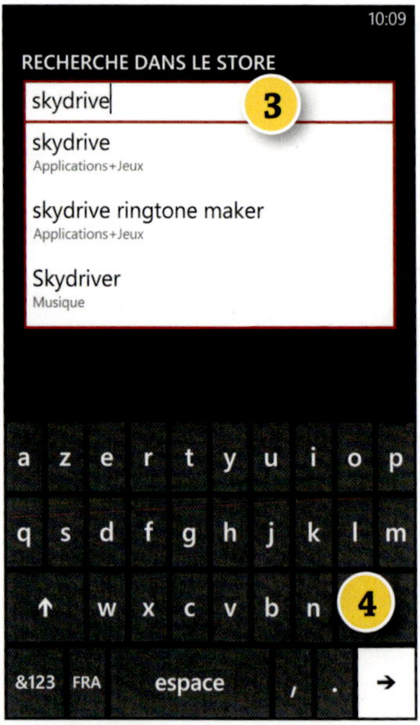


1 Pour créer un compte Microsoft, le plus simple est de passer par le Windows Store et de télécharger une application gratuite. Sur l'écran d'accueil, appuyez sur l'icône du Windows Store.

2 Dans le premier écran du Windows Store, appuyez sur la loupe, en bas de l'écran.

3 Sur la page de recherche, saisissez **skydrive**. C'est une application Microsoft gratuite de stockage de données dans le nuage, c'est-à-dire sur les serveurs de Microsoft.

4 Appuyez sur la touche **Retour**.

**VOUS AVEZ PEUT-ÊTRE UN COMPTE MICROSOFT** **Si vous avez un compte Hotmail, Xbox, Windows, Messenger ou SkyDrive, vous possédez déjà un compte Microsoft. Vous pouvez utiliser directement l'adresse e-mail de ce compte et le mot de passe associé comme compte Microsoft.**

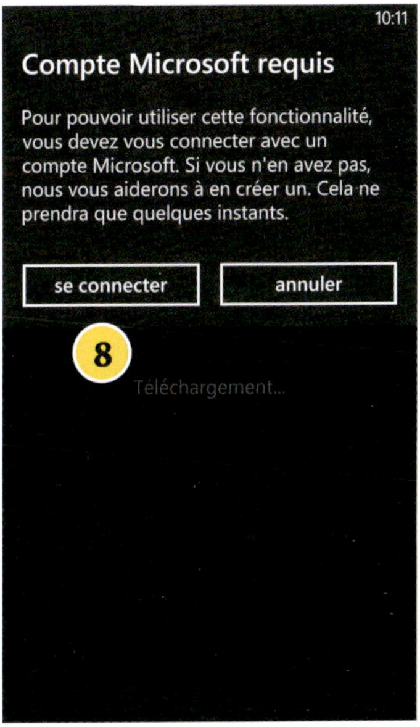


**5** Appuyez sur la première application de la liste, celle de SkyDrive éditée par Microsoft.

**6** Sur la page de l'application **SkyDrive**, appuyez sur **Installer**.

**7** Validez la demande d'autorisation de localisation de votre téléphone.

**8** Dans l'écran suivant, appuyez sur **se connecter**.

# Créer un compte Microsoft

La création et l'utilisation d'un compte Microsoft ne sont pas obligatoires, mais ce compte permet de se connecter directement à d'autres services Microsoft comme le Windows Store ou SkyDrive. De plus, votre calendrier et vos contacts Outlook sont automatiquement synchronisés sur votre smartphone.

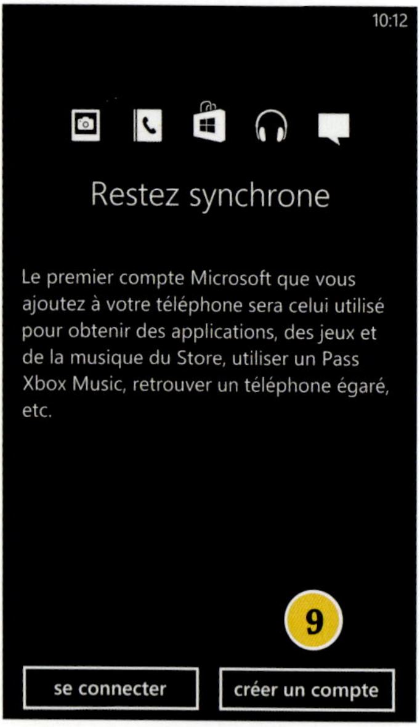


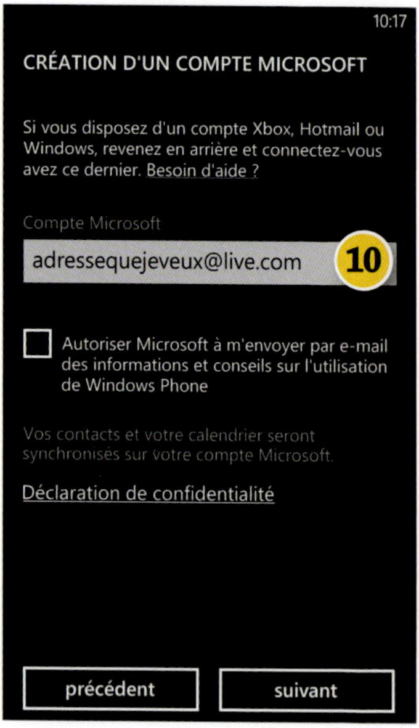


9 L'accès à la création du compte est possible en appuyant sur **créer un compte**.

10 Saisissez l'adresse que vous souhaitez avoir puis appuyez sur le bouton **suivant**.

11 Saisissez deux fois le mot de passe à associer à cette adresse e-mail puis appuyez sur le bouton **suivant**.

**UN SEUL COMPTE MICROSOFT** **Vous ne pouvez paramétrer qu'un seul compte Microsoft. Pour en changer, il sera nécessaire de réinitialiser votre smartphone, ce qui implique un effacement total de toutes les données présentes en mémoire.**

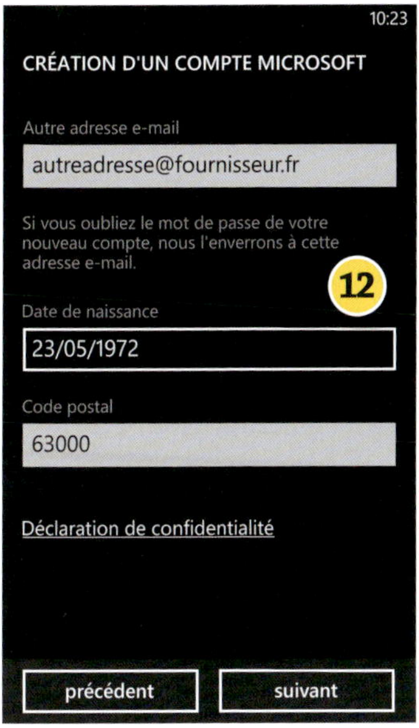


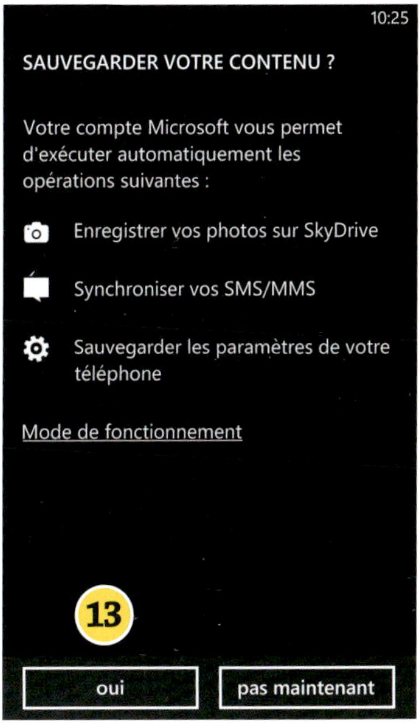


**12** Saisissez une autre adresse e-mail existante qui servira de secours en cas de soucis, réglez votre date de naissance et saisissez votre code postal. Appuyez ensuite sur le bouton **suivant**.

**13** Si l'adresse est disponible, le compte est créé immédiatement. Il vous est proposé de synchroniser certains éléments. Appuyez sur **Oui** pour valider.

**14** Validez les conditions d'utilisation pour finir. L'application SkyDrive sera téléchargée et, surtout, votre compte Microsoft est créé et activé sur votre téléphone.

# Se connecter à Gmail

Le service e-mail de Google, Gmail, n'a pas été oublié avec Windows Phone 8. Il est possible de gérer directement votre compte Gmail sur votre smartphone.

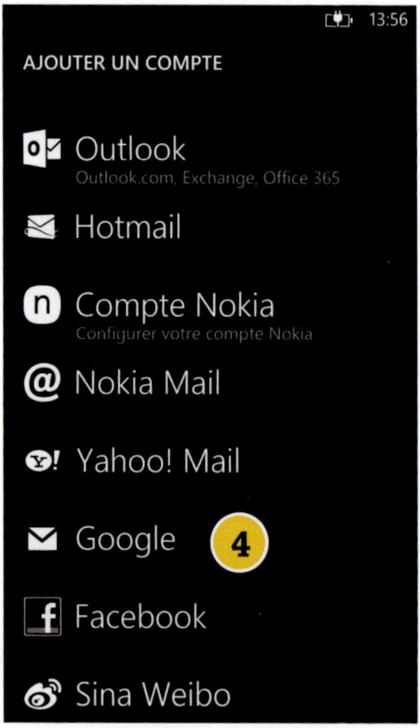


1 Accédez aux paramètres de votre smartphone.

2 Dans la liste des paramètres, appuyez sur **e-mail+comptes**.

3 Appuyez sur ⊕ **ajouter un compte**.

4 Dans la liste des services, appuyez sur **Google**.

**PLUSIEURS COMPTES GOOGLE Si vous disposez de plusieurs comptes Google, et donc Gmail, vous pouvez les gérer sur votre smartphone. Il suffit de suivre à nouveau la procédure de cette fiche pour ajouter un autre compte Google.**

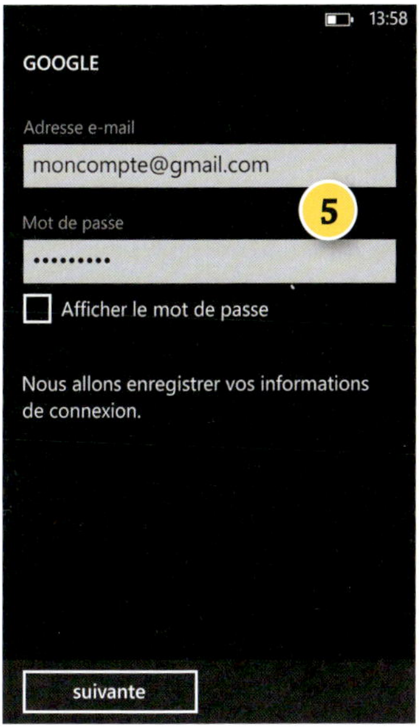


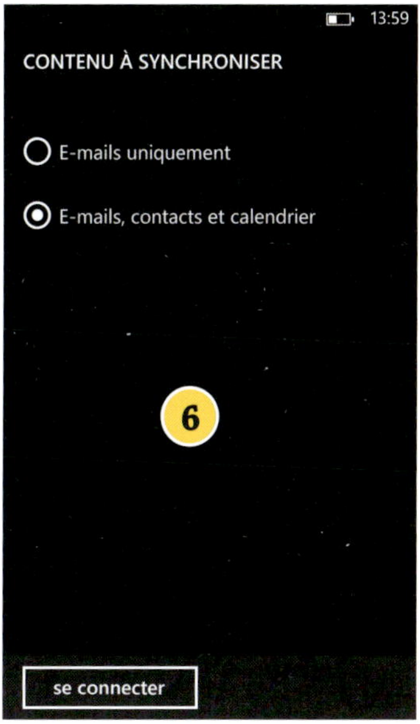


5 Saisissez l'adresse de votre compte Google et le mot de passe associé. Appuyez sur le bouton **suivante** pour continuer.

6 Pour finir, il vous est proposé de synchroniser seulement les e-mails ou de synchroniser, en plus, les contacts et le calendrier Google. Faites votre choix et appuyez sur **se connecter**.

7 Une nouvelle vignette d'accès à votre courrier Gmail est créée sur l'écran d'accueil de votre smartphone.

# Utiliser un compte POP/IMAP pour le courrier

Si vous utilisez un compte e-mail classique, c'est-à-dire celui de votre fournisseur d'accès à Internet, par exemple, vous avez un compte appelé POP ou IMAP et vous pouvez le gérer directement sur votre smartphone.

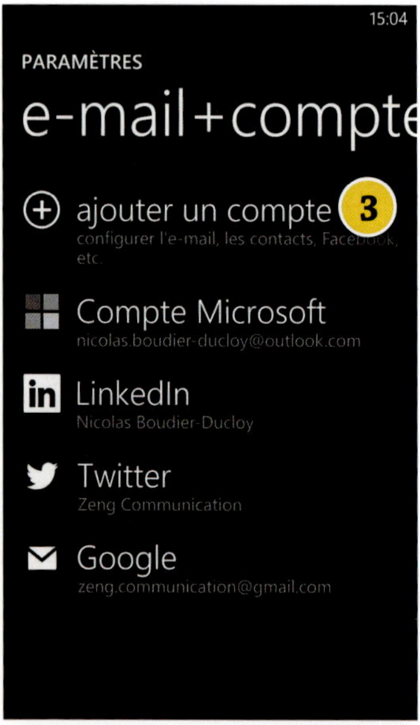


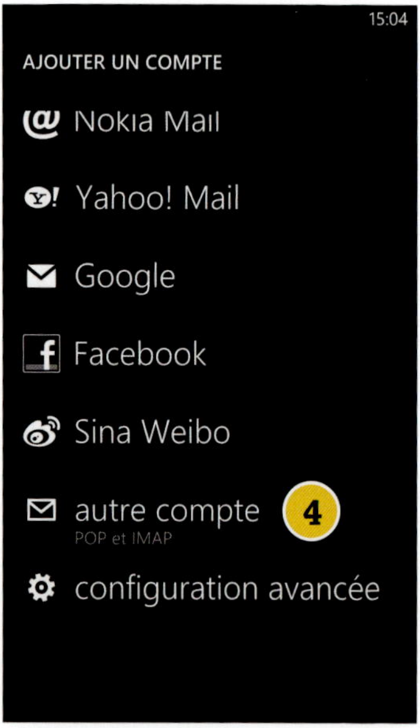


**1** Accédez aux paramètres de votre smartphone.

**2** Dans la liste des paramètres, appuyez sur **e-mail+comptes** comme pour la fiche 19.

**3** Appuyez sur ⊕ **ajouter un compte**.

**4** Dans la liste des services, appuyez sur **autre compte**.

**D'AUTRES COMPTES POP/IMAP** **Vous pouvez ajouter autant de comptes POP ou IMAP. À chaque fois, une nouvelle vignette sera ajoutée sur l'écran d'accueil de votre smartphone.**

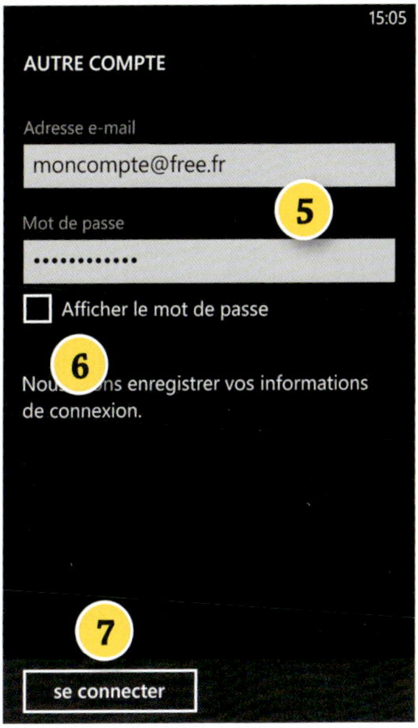

5 Saisissez l'adresse e-mail du compte et le mot de passe associé.

6 Vous pouvez afficher le mot de passe en appuyant sur cette case.

7 Appuyez sur le bouton **se connecter** pour continuer.

8 Les paramètres de votre compte sont automatiquement configurés et une vignette pour l'accès à vos e-mails est ajoutée sur l'écran d'accueil de votre smartphone.

# Utiliser Outlook mobile

Si vous utilisez un compte Outlook.com, vous pouvez le gérer directement avec l'application mobile Outlook, spécialement conçue pour Windows Phone 8. Réception, lecture ou envoi d'e-mail sont au programme.

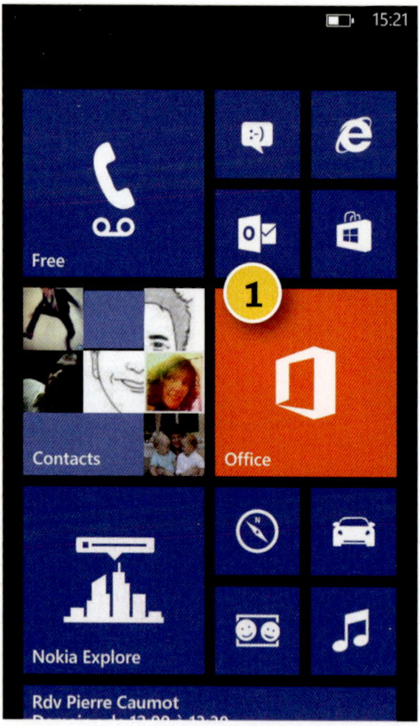


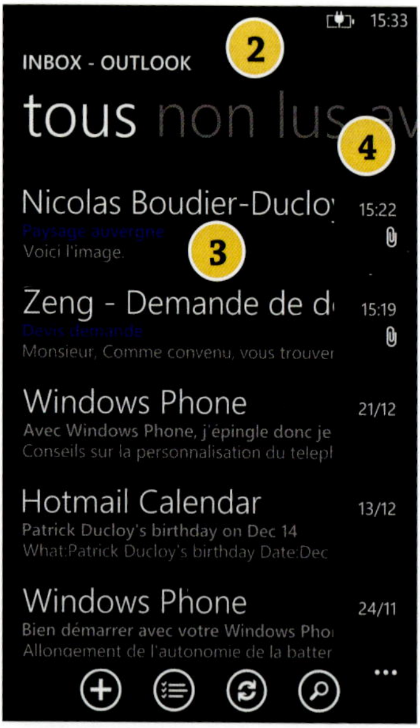


**1** Sur l'écran d'accueil, appuyez sur la vignette d'Outlook mobile.

**2** Les e-mails des sept derniers jours sont affichés.

**3** Les e-mails avec l'objet en couleur (celle choisie pour le thème) sont les e-mails non lus.

**4** À droite du nom de l'expéditeur sont indiquées l'heure d'expédition pour les e-mails du jour ou la date d'expédition pour les plus anciens.

**AFFICHAGE DIRECT** **Lorsque vous avez de nouveaux e-mails sur votre compte Outlook, la vignette sur l'écran d'accueil de votre smartphone affiche un chiffre qui correspond à ces nouveaux e-mails. Pratique !**

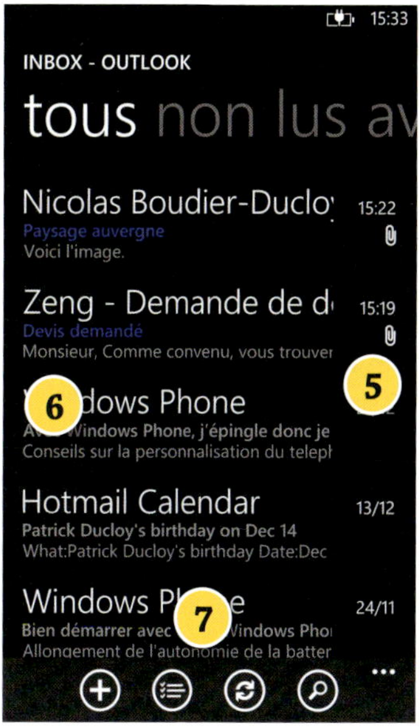

**5** En dessous, un trombone indique la présence d'une ou de plusieurs pièces jointes à l'e-mail.

**6** Sous l'objet de l'e-mail, la première ligne du message est affichée.

**7** Les boutons du bas permettent, de gauche à droite, d'écrire un nouvel e-mail, de faire une sélection, de synchroniser les e-mails et d'effectuer une recherche.

**8** Appuyez sur un e-mail pour le lire.

**9** Les boutons en bas de l'écran permettent, respectivement de gauche à droite, d'accéder aux actions de réponse, de le supprimer, de passer au message plus récent, de passer au message plus ancien.

**10** Pour télécharger et afficher la pièce jointe, appuyez dessus.

# Utiliser Outlook mobile

Avec Outlook mobile, vous disposez d'un vrai gestionnaire d'e-mails. Vous pouvez effectuer toutes les opérations que vous faites avec la version pour ordinateur.

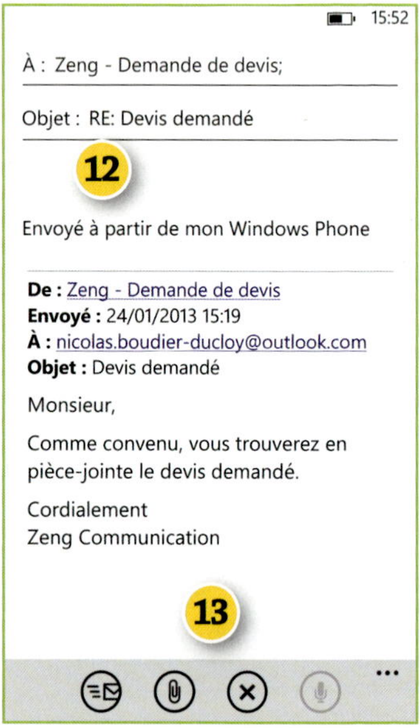


**11** En appuyant sur le premier bouton en bas, vous avez le choix entre **répondre**, **répondre à tous** et **transférer**.

**12** La fenêtre de réponse ou de transfert est affichée. La différence entre les deux est la mention au début de l'objet **RE** pour la réponse et **TR** pour le transfert.

**13** Les boutons du bas permettent, respectivement de gauche à droite, d'envoyer l'e-mail, d'ajouter des pièces jointes, de supprimer le brouillon, ou d'activer la reconnaissance vocale pour la saisie.

**SYNCHRONISATION AUTOMATIQUE** **Les opérations que vous effectuez avec Outlook mobile sont automatiquement synchronisées avec le site www.outlook.com et avec l'application Outlook du pack Microsoft Office s'il est configuré avec le même compte. Ainsi, vous pouvez gérer vos e-mails où et quand vous voulez.**

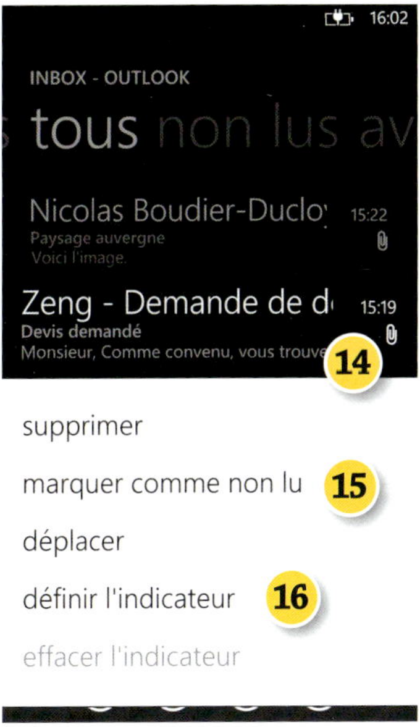


**14** Des actions sont possibles directement sur la page d'accueil d'Outlook mobile. Effectuez un appui prolongé sur un e-mail. Un menu contextuel est affiché.

**15** Différentes actions directes sont possibles comme la suppression et le fait de marquer un e-mail lu ou non lu.

**16** L'action **définir l'indicateur** permet d'afficher un drapeau à côté de l'e-mail pour signaler qu'il est important et doit être traité.

# Utiliser Twitter

Si vous êtes un adepte du microblogging *via* Twitter, vous ne serez pas pris au dépourvu avec Windows Phone 8. Une application pour gérer votre compte est disponible.

1 L'application **Twitter** est disponible dans le Windows Store. Effectuez une recherche, comme pour la fiche 18, et installez l'application.

2 Démarrez l'application et renseignez votre nom d'utilisateur (ou e-mail) et le mot de passe associé. Appuyez sur **connexion** pour continuer.

3 L'écran d'accueil de Twitter affiche le fil de vos abonnements.

4 Les boutons en bas permettent, de gauche à droite, d'actualiser le fil des abonnements, d'écrire un tweet, d'écrire un message direct et d'effectuer une recherche sur Twitter.

5 Appuyez sur ce bouton pour écrire un tweet.

**INSCRIPTION DIRECTE Si vous n'avez pas de compte Twitter, vous pouvez le faire sur l'écran de démarrage de l'application. Appuyez sur le bouton s'inscrire et suivez les différentes étapes pour créer votre compte Twitter.**

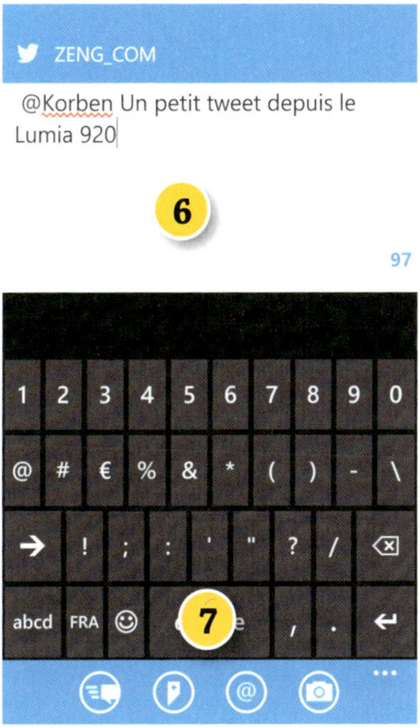


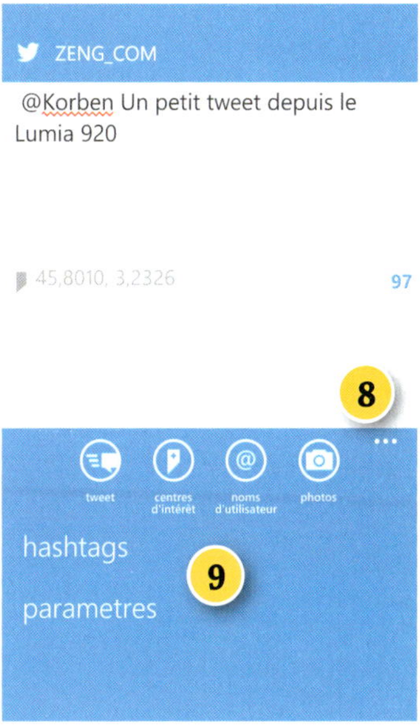


6 La fenêtre de rédaction du tweet est affichée. Saisissez le texte à l'aide du clavier virtuel.

7 Les boutons en bas permettent, de gauche à droite, de publier le tweet, d'ajouter un centre d'intérêt près de vous, d'ajouter un compte Twitter en mention (@) et d'ajouter une photo à votre tweet.

8 Pour plus d'options, appuyez sur les trois petits points à droite des boutons.

9 L'option **hashtags** permet d'ajouter un hashtag à votre message (#), et **paramètres** vous permet d'ajouter ou de créer un autre compte.

# Utiliser Facebook

Le principal réseau social, Facebook, n'a pas été oublié sur Windows Phone 8. Avec son application dédiée, vous pourrez effectuer les principales actions comme changer votre statut, poster une photo ou envoyer un message à un contact.

**1** L'application **Facebook** est disponible dans le Windows Store. Effectuez une recherche, comme pour la fiche 18, et installez l'application.

**2** Démarrez l'application et renseignez votre e-mail et le mot de passe associé. Appuyez sur **connexion** pour continuer.

**3** L'écran d'accueil de Facebook affiche les actualités de vos amis et pages.

**4** Les boutons en bas permettent, de gauche à droite, de publier un message sur votre mur, d'ajouter une photo, d'ajouter un lieu proche de vous et de mettre à jour les actualités.

**5** Appuyez sur ce bouton pour publier un message sur votre mur.

**INSCRIPTION DIRECTE** **Si vous n'avez pas de compte Facebook, vous pouvez le faire sur l'écran de démarrage de l'application. Appuyez sur le lien "s'inscrire sur Facebook". Internet Explorer sera démarré et affichera les différentes étapes pour la création de votre compte Facebook.**

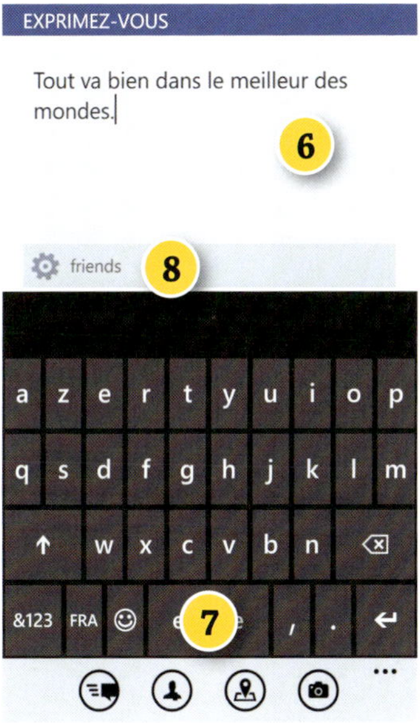


6 La fenêtre de rédaction est affichée. Saisissez le texte à l'aide du clavier virtuel.

7 Les boutons en bas permettent, de gauche à droite, de publier le message, d'ajouter le nom d'amis, d'ajouter un lieu et d'ajouter une photo.

8 En appuyant sur ce bouton, vous pouvez choisir pour qui le message sera visible (amis, groupe d'amis, tout le monde ou seulement certaines personnes).

# Utiliser LinkedIn

Le réseau social professionnel LinkedIn est aussi présent sur Windows Phone 8. Son application vous permet de gérer votre compte, vos contacts et d'effectuer des recherches multicritères.

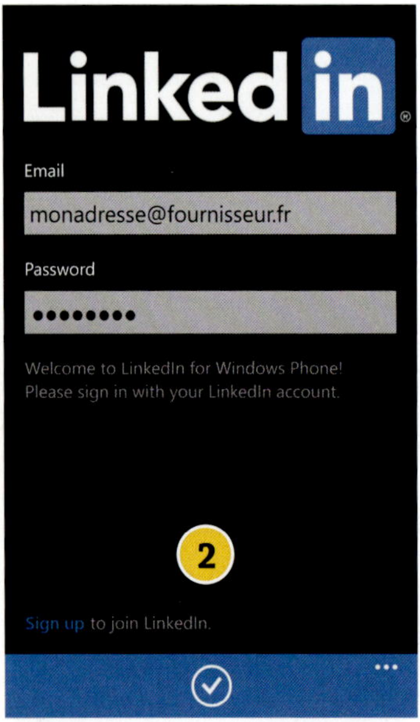


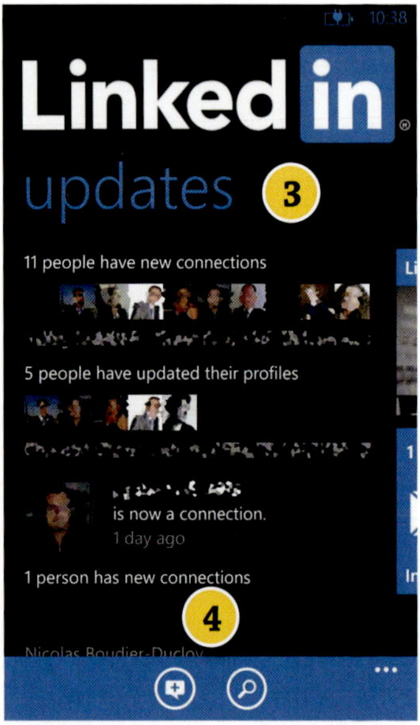


**1** L'application **LinkedIn** est disponible dans le Windows Store. Effectuez une recherche, comme pour la fiche 18, et installez l'application.

**2** Démarrez l'application et renseignez votre e-mail et le mot de passe associé. Appuyez sur la coche en bas de l'écran pour vous connecter.

**3** L'écran d'accueil de LinkedIn affiche les actualités de connexion.

**4** Les boutons en bas permettent, de gauche à droite, de publier une mise à jour de votre compte et d'effectuer une recherche.

**PAS ENCORE EN FRANÇAIS** L'application LinkedIn n'est pas encore disponible en français et toute l'interface est en anglais. Cela ne nuit pas à son fonctionnement ni au lien avec le site Internet LinkedIn, où vos informations seront bien en français.

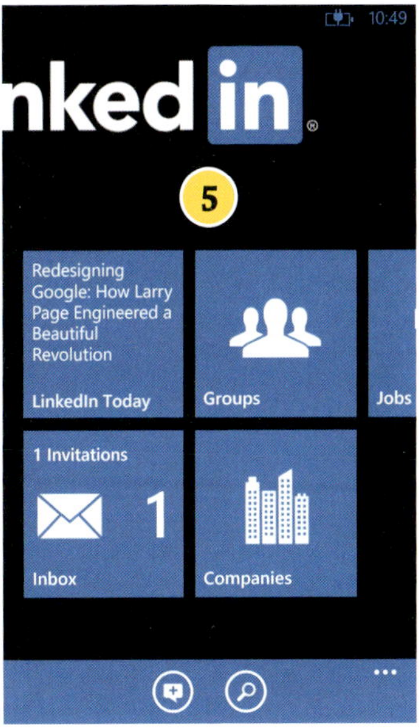


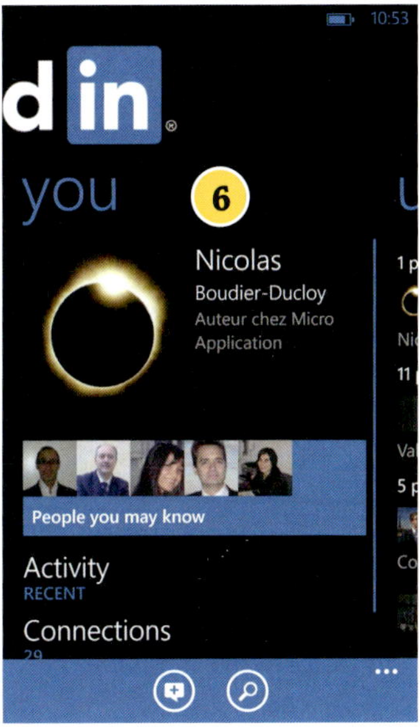


**5** Effectuez un balayage vers la gauche pour afficher d'autres informations sur votre environnement LinkedIn comme les groupes, les invitations, etc.

**6** Effectuez encore un balayage vers la gauche pour afficher les informations vous concernant visibles par vos connexions.

# Utiliser Skype

Skype remplace Windows Live Messenger et est disponible sur Windows Phone 8. Cette application n'est pas, au moment de la rédaction de cet ouvrage, une version finale et peut rencontrer certains bugs. Néanmoins, elle est fonctionnelle et vous permet de communiquer avec vos correspondants.

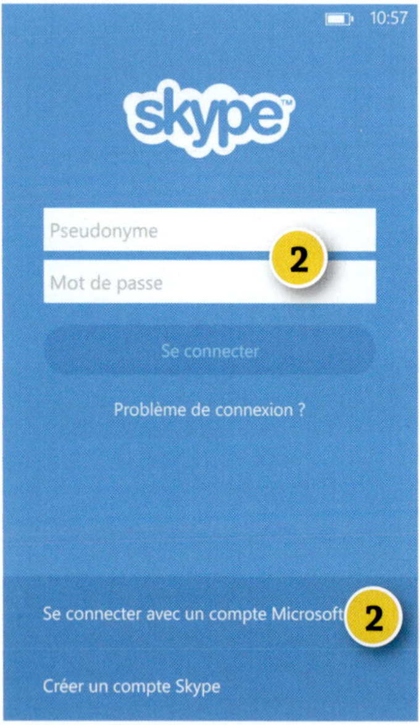


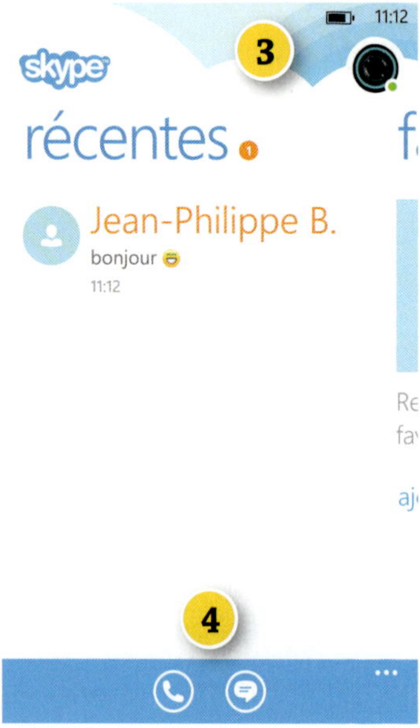


**1** L'application **Skype** est disponible dans le Windows Store. Effectuez une recherche, comme pour la fiche 18, et installez l'application.

**2** Démarrez l'application. Vous pouvez vous connecter avec votre compte Skype ou un compte Microsoft. Faites votre choix.

**3** L'écran d'accueil de Skype affiche les derniers appels et messages.

**4** Les boutons en bas permettent, de gauche à droite, de passer un appel et d'écrire un message.

**DE WINDOWS LIVE MESSENGER À SKYPE** **Si vous utilisiez auparavant Windows Live Messenger, il est très facile de passer à Skype, sur smartphone comme sur PC. Installez Skype et connectez-vous avec les mêmes identifiants. Vos contacts seront automatiquement transférés de l'un vers l'autre.**

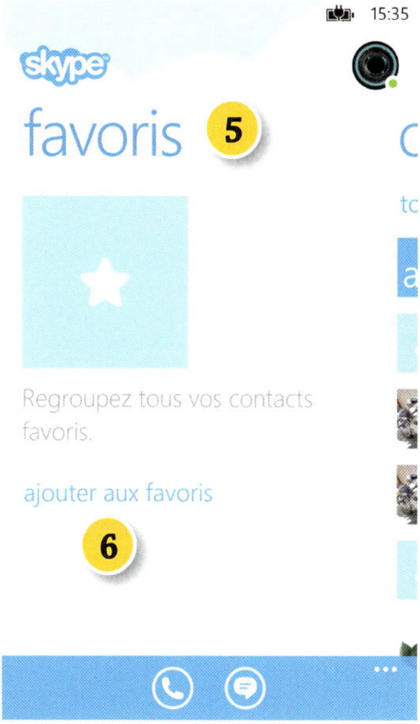


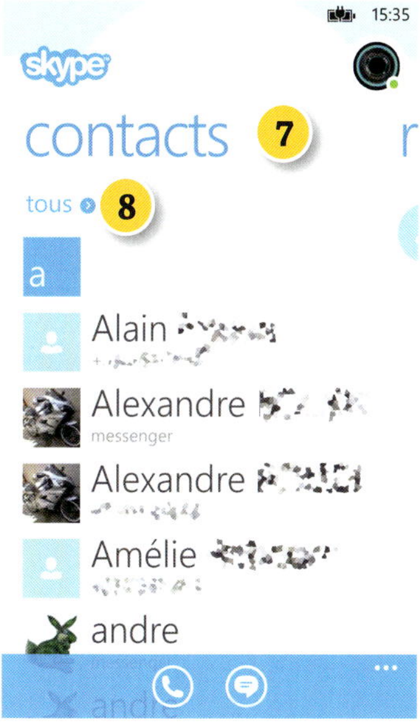


**5** En effectuant un balayage vers la gauche, vous affichez vos contacts favoris.

**6** Appuyez sur **ajouter aux favoris** pour sélectionner les contacts à placer dans cet écran.

**7** En effectuant encore un balayage vers la gauche, vous affichez tous vos contacts.

**8** En appuyant sur **tous**, sous la mention **contacts**, vous pouvez choisir d'afficher uniquement ceux qui sont connectés.

# CHAPITRE 4

# NAVIGUER SUR INTERNET

# Connecter le téléphone à Internet

Pour naviguer sur Internet avec votre smartphone, ou utiliser des applications comme Facebook ou Twitter, il doit être connecté. Pour cela, vous avez deux solutions : la connexion de données (en fonction de votre forfait) ou la connexion Wi-Fi.

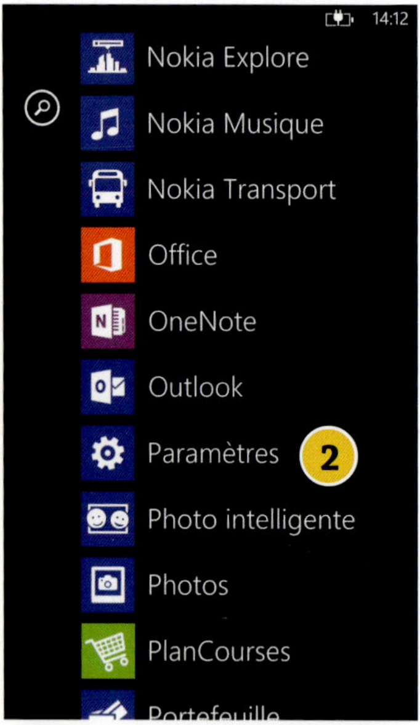


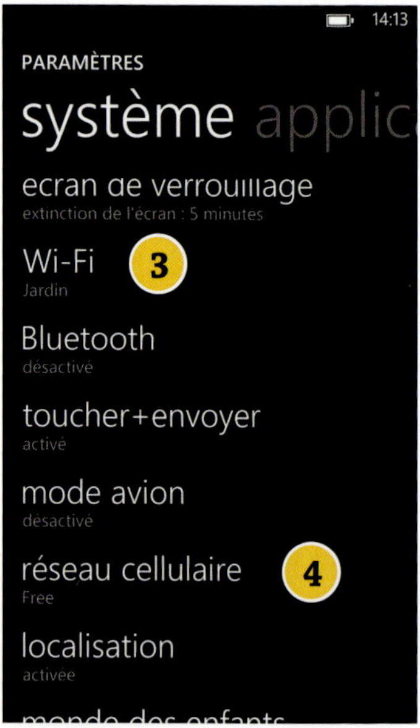


**1** L'accès aux deux types de connexion se fait dans les paramètres de votre smartphone. Sur l'écran d'accueil, effectuez un balayage vers la gauche.

**2** Dans la liste des applications, appuyez sur **Paramètres**.

**3** Dans la liste des paramètres, appuyez sur **Wi-Fi** pour accéder aux réglages Wi-Fi.

**4** Appuyez sur **réseau cellulaire** pour accéder à la connexion de données.

**CONNEXION WI-FI GRATUITE (AVEC OU SANS CODE)** **Il existe plusieurs moyens de se connecter gratuitement à Internet *via* le Wi-Fi. Il y a déjà les communautés de votre fournisseur d'accès à Internet avec son réseau de box. Et beaucoup de lieux publics, de lieux de restauration ou d'hôtels offrent un accès Wi-Fi gratuit à leurs visiteurs ou clients.**

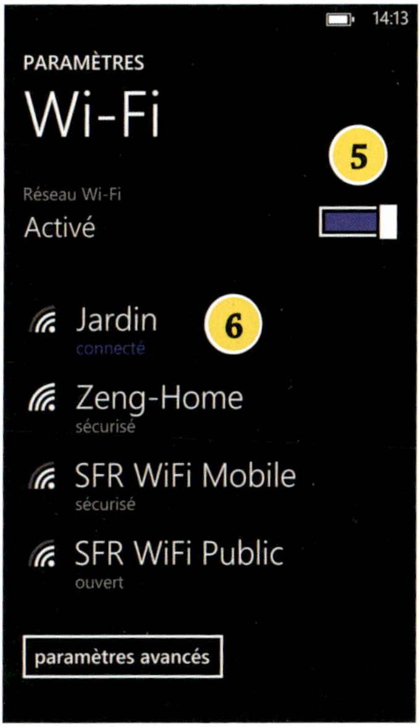

**5** Pour le Wi-Fi, s'il est désactivé, appuyez sur le switch sur la droite.

**6** Ensuite, appuyez sur le réseau de votre choix et saisissez le mot de passe s'il s'agit d'un réseau sécurisé.

**7** Pour la connexion de données, si elle est désactivée, appuyez sur **Connexion de données** puis sur **activée**.

**8** Le paramètre **Options d'itinérance de données** permet de choisir si la connexion de données est maintenue lors d'un changement de pays.

# Partager la connexion

Votre smartphone peut servir de modem pour d'autres appareils (tablette, ordinateur portable), grâce au partage de la connexion Internet. Cela nécessite que votre forfait dispose de cette option et que vous ayez une bonne couverture réseau pour avoir un bon débit.

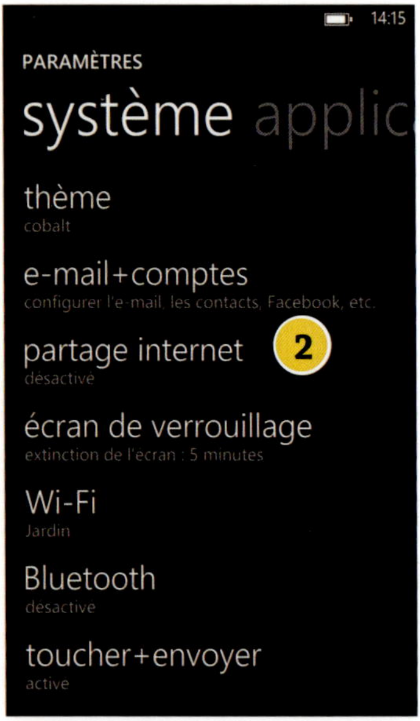

**1** Accédez aux paramètres de votre smartphone.

**2** Dans la liste des paramètres, cliquez sur **partage internet**.

**3** Appuyez sur le switch pour activer le partage de la connexion Internet.

**ATTENTION AUX FRAIS** **Vérifiez bien que votre forfait dispose du partage de connexion Internet, car ce n'est pas le cas pour tous. De plus, le partage de connexion augmente la consommation de données, ce qui peut engendrer soit une limitation du débit où des frais lorsque le quota alloué est atteint.**

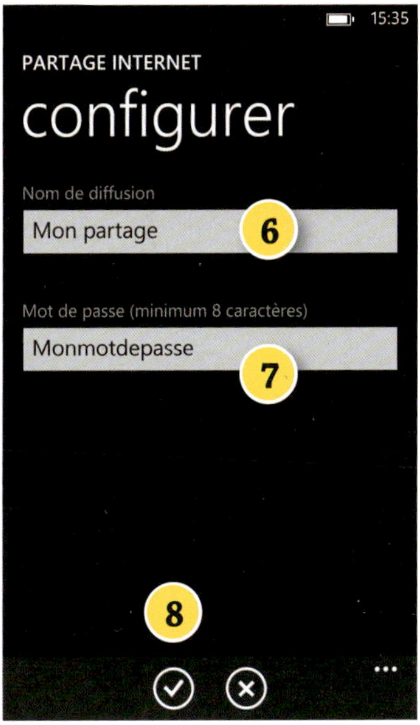


**4** Par défaut, des paramètres de partage sont définis.

**5** Vous pouvez les modifier en appuyant sur **configurer**.

**6** Saisissez dans le champ **Nom de diffusion** le nom pour le partage de la connexion Internet.

**7** Dans le champ **Mot de passe**, saisissez le mot de passe pour la connexion, avec, au minimum, huit caractères.

**8** Appuyez sur la coche en bas de l'écran pour valider.

# Partager la connexion

Une fois le partage de connexion Internet activé sur votre smartphone, vous pouvez vous y connecter sur votre tablette, ordinateur portable ou un autre smartphone, *via* la connexion Wi-Fi.

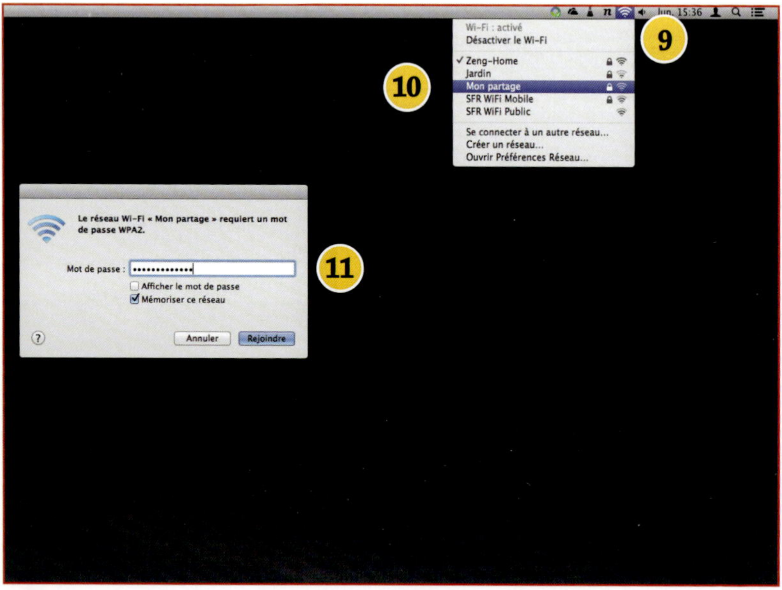


**9** Sur votre appareil, accédez à la gestion de la connexion Wi-Fi, ici sur Apple OS X 10.8.

**10** La connexion partagée est affichée avec le nom défini par défaut ou défini par vos soins. Cliquez dessus.

**11** Saisissez le mot de passe qui est associé à la connexion et validez.

**DÉCHARGE PLUS RAPIDE DE LA BATTERIE** **L'utilisation du partage de la connexion Internet augmente considérablement l'utilisation du smartphone et occasionne donc un déchargement plus rapide de la batterie. En effet, pour cette fonction, la connexion de donnée et le Wi-Fi sont actifs. Il est fortement conseillé d'avoir la batterie chargée au maximum ou de mettre le smartphone en charge.**

**12** Sur votre smartphone, vous pouvez voir le nombre d'appareils connectés dans la zone **Invités connectés**.

**13** Appuyez de nouveau sur le switch pour désactiver le partage de connexion. Tout appareil relié au partage de connexion sera immédiatement déconnecté.

# Découvrir Internet Explorer

Internet Explorer est le navigateur Internet de Microsoft. Windows Phone 8 en est équipé dans sa version 10 mobile. Ce navigateur vous permet de surfer sur vos sites préférés, de gérer vos favoris, etc.

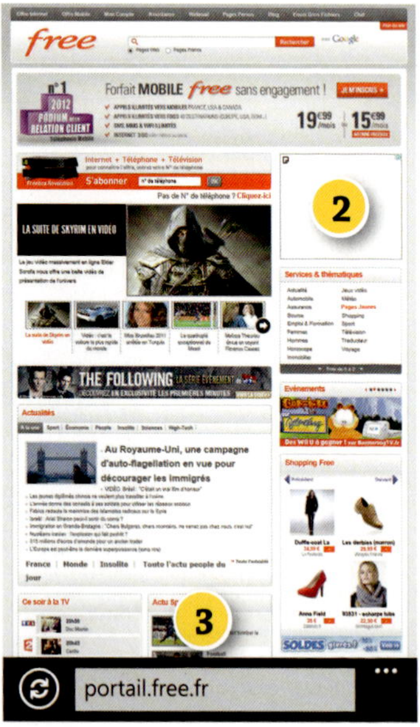


**1** Sur l'écran d'accueil de votre smartphone, appuyez sur la vignette Internet Explorer pour démarrer le navigateur.

**2** Selon votre opérateur, la page d'accueil peut être différente. Ici, c'est le portail de Free.

**3** Sous la page d'accueil, c'est la barre d'adresse et de recherche.

**CERTAINS SITES NE S'AFFICHENT PAS** Internet Explorer 10 mobile ne prend pas en charge la technologie Adobe Flash. De ce fait, les sites utilisant tout ou partie de cette technologie peuvent ne pas être affichés correctement. Il n'y a pas d'alternative pour le moment.

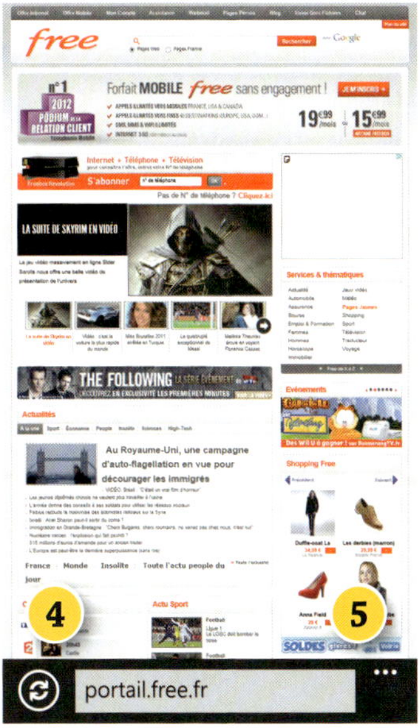


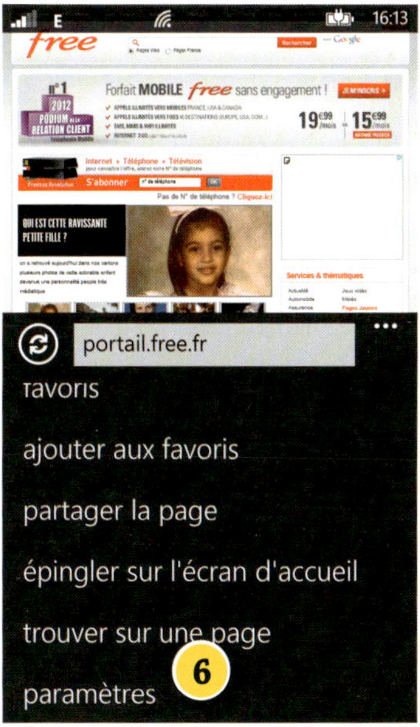


**4** Le bouton à gauche de cette barre permet de recharger la page affichée ou d'arrêter le chargement d'une page.

**5** Le bouton à droite, avec les trois points, permet d'accéder aux options d'Internet Explorer. Appuyez dessus.

**6** Dans le menu qui s'affiche, balayez vers le haut et appuyez sur **paramètres**.

Internet Explorer 10 mobile dispose de plusieurs paramètres concernant la navigation, la protection contre certains sites malveillants, la gestion des cookies, le moteur de recherche par défaut, etc.

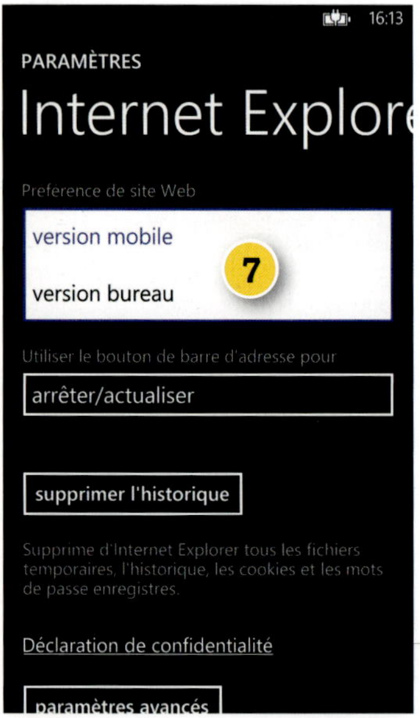

7 Par défaut, les sites sont affichés dans leur mode mobile, s'ils ont été prévus à cet effet. Vous pouvez forcer l'affichage classique en appuyant sur **Préférence de site Web** puis sur **version bureau**.

8 Vous pouvez modifier l'action associée au bouton à gauche de la barre d'adresse en appuyant sur **Utiliser le bouton de barre d'adresse pour** puis en choisissant l'action de votre choix.

**D'AUTRES NAVIGATEURS ?** Pour le moment, il y a peu de concurrents à Internet Explorer sur Windows Phone 8. Ni Google, ni Mozilla, ni Opera ne proposent une version de leur navigateur dédiée à Windows Phone 8. Vérifiez sur le Windows Store la présence d'autres navigateurs en faisant une recherche avec le mot "browser".

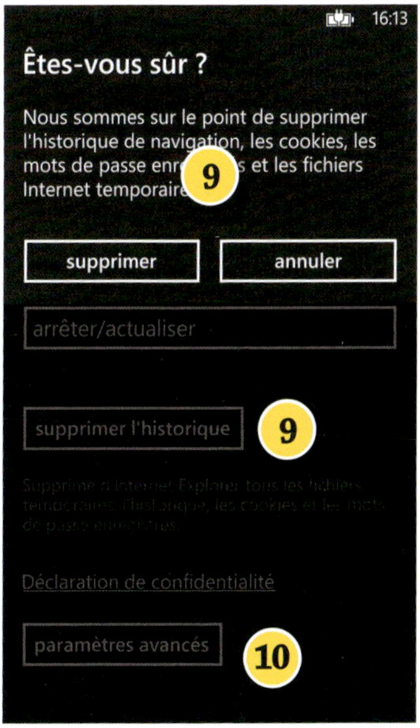

**9** En appuyant sur **supprimer l'historique**, votre historique de navigation sera supprimé avec une demande de confirmation.

**10** Le bouton **paramètres avancés** permet d'accéder à d'autres paramètres d'Internet Explorer. Appuyez dessus.

**11** Les paramètres avancés concernent principalement les options de localisation, l'envoi d'informations vers les sites Internet visités, mais aussi la gestion des cookies, la protection contre certains sites malveillants, etc. Activez ou désactivez les options qui vous intéressent.

# Naviguer sur Internet

Malgré un écran qui, en taille, ne vaut pas celui d'une tablette ou d'un ordinateur portable, rien ne vous empêche de naviguer sur Internet avec votre smartphone. La qualité et la définition de l'écran permettent un bon affichage des éléments d'un site Internet.

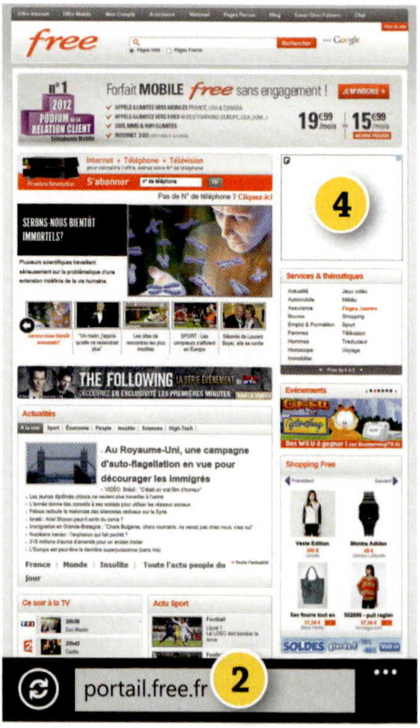


**1** Sur l'écran d'accueil de votre smartphone, appuyez sur la vignette Internet Explorer pour démarrer le navigateur.

**2** Si vous connaissez l'adresse du site à visiter, appuyez sur la barre d'adresse et saisissez l'adresse à l'aide du clavier numérique.

**3** Appuyez sur le bouton **Entrée** pour valider l'adresse.

**4** Si l'adresse est correctement saisie, le site Internet est affiché.

**ATTENTION AUX SITES MALVEILLANTS** **Même si une protection est possible avec Internet Explorer 10 mobile *via* les paramètres (voir fiche 28), faites attention aux sites que vous visitez. Dans le doute, il est toujours conseillé d'arrêter la navigation sur un site vous demandant des coordonnées personnelles et/ou bancaires avec codes.**

**5** Naviguez sur le site comme sur un site classique. Pour revenir à une page précédente, appuyez sur le bouton **retour** de votre smartphone.

**6** Pour effectuer une recherche, appuyez sur la barre d'adresse et saisissez, à l'aide du clavier virtuel, l'expression recherchée.

**7** Appuyez sur le bouton **Entrée** pour valider la recherche.

**8** La page de résultats est affichée dans le moteur de recherche défini (Bing ou Google).

**9** Appuyez sur le lien de votre choix pour accéder au site correspondant.

# Gérer les favoris

Inutile de saisir à chaque fois l'adresse d'un de vos sites préférés. Internet Explorer 10 mobile permet d'enregistrer vos adresses préférées en tant que favoris. Ainsi, leur accès est plus rapide et cela évite les éventuelles erreurs de frappe.

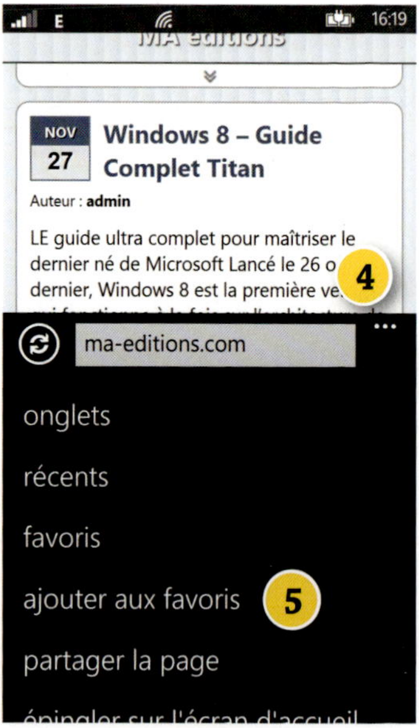


**1** Sur l'écran d'accueil de votre smartphone, appuyez sur la vignette Internet Explorer pour démarrer le navigateur.

**2** Saisissez l'adresse du site de votre choix à l'aide du clavier numérique.

**3** Appuyez sur le bouton **Entrée** pour valider l'adresse.

**4** Une fois le site affiché, appuyez sur le bouton à droite de la barre d'adresse.

**5** Dans le menu qui s'affiche, appuyez sur **ajouter aux favoris**.

**BOUTON À GAUCHE DE LA BARRE D'ADRESSE** **Vous pouvez définir comme action, pour le bouton à gauche de la barre d'adresse, le fait qu'il affiche les favoris. Reportez-vous à la fiche 28 pour connaître la procédure. Ainsi, vous n'êtes pas obligé de passer par le menu systématiquement.**

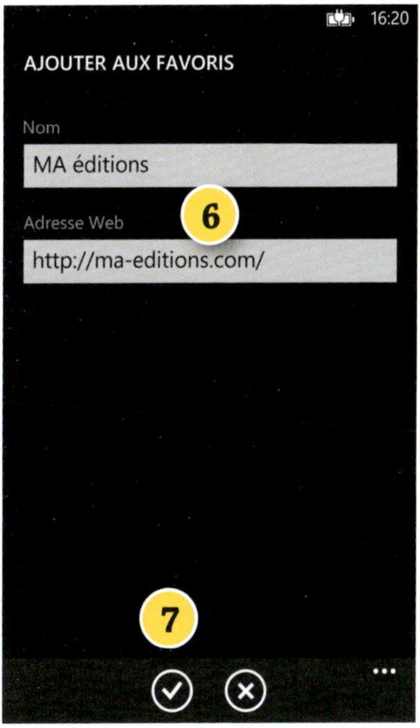


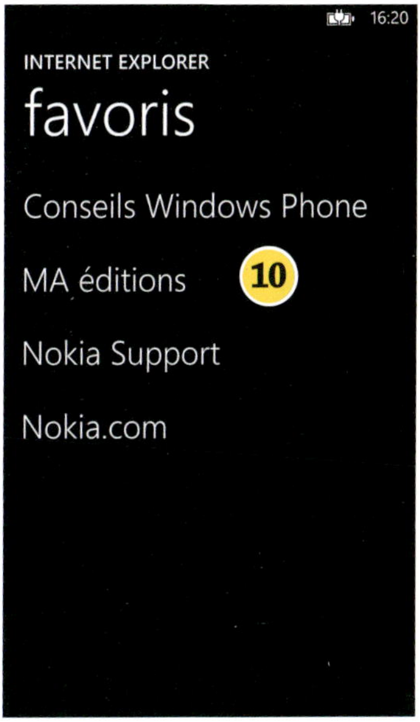


**6** Dans l'écran qui s'affiche, vous pouvez personnaliser le nom et l'adresse du favori.

**7** Appuyez sur la coche en bas de l'écran pour valider le favori.

**8** Pour accéder aux favoris, appuyez sur le bouton à droite de la barre d'adresse.

**9** Dans le menu qui s'affiche, appuyez sur **favoris**.

**10** La liste des favoris est affichée, appuyez sur celui de votre choix pour accéder au site correspondant.

# Gérer les onglets

Avec Internert Explorer 10 mobile, vous pouvez surfer sur plusieurs sites simultanément à l'aide des onglets. Chaque onglet affichant un site ou une page d'un site différent.

**1** Sur l'écran d'accueil de votre smartphone, appuyez sur la vignette Internet Explorer pour démarrer le navigateur.

**2** Saisissez l'adresse du site de votre choix à l'aide du clavier numérique.

**3** Appuyez sur le bouton **Entrée** pour valider l'adresse.

**4** Une fois le site affiché, appuyez sur le bouton à droite de la barre d'adresse.

**5** Dans le menu qui s'affiche, appuyez sur **onglets**.

**ATTENTION AUX RESSOURCES** **Plus vous ouvrez d'onglets, plus cela demande des ressources à votre smartphone tant au niveau de la puissance, et donc de la batterie, que de la bande passante et donc du débit. Trop d'onglets ouverts peuvent ralentir le chargement des pages des sites Internet.**

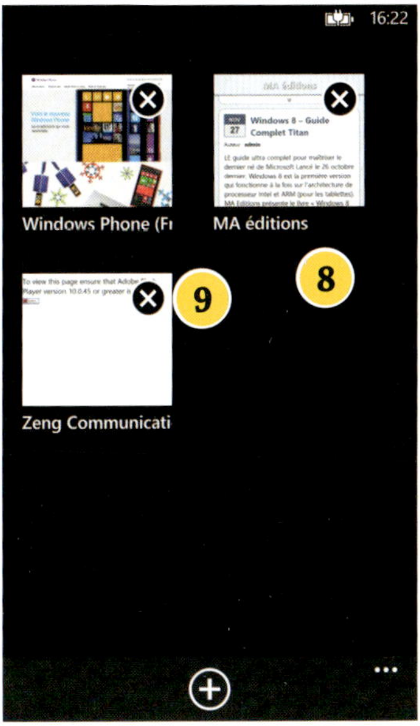


**6** La fenêtre de gestion des onglets est affichée ou chaque onglet est représenté par une vignette.

**7** Appuyez sur le site ⊕, en bas de l'écran, pour créer un nouvel onglet vierge.

**8** Toujours dans la fenêtre de gestion des onglets, appuyez sur la vignette de votre choix pour basculer sur le site de cet onglet.

**9** Pour fermer un onglet, appuyez sur la croix en haut à droite de la vignette de cet onglet.

# CHAPITRE 5

# PHOTOGRAPHIER, FILMER, VISIONNER, ECOUTER

# Accéder à l'appareil photo

Quasiment tous les smartphones disposent aujourd'hui d'un appareil photo, voire deux. Votre Lumia 920 n'échappe pas à la règle avec un appareil dorsal et un appareil frontal. Deux possibilités s'offrent à vous pour y accéder.

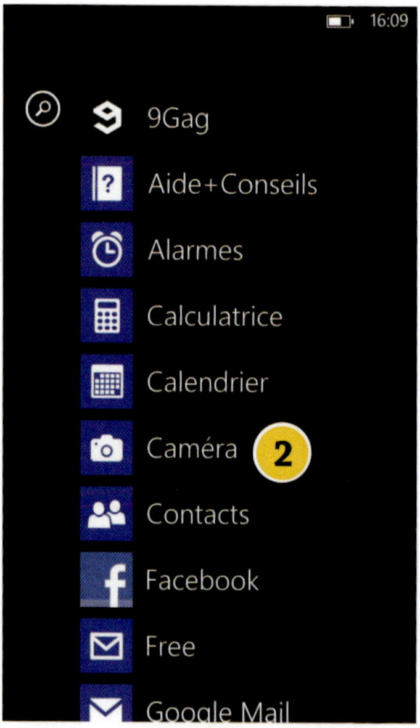


1 Si votre smartphone est allumé, effectuez un balayage vers la gauche sur l'écran d'accueil.

2 Dans la liste des applications, appuyez sur **Caméra**.

**SEULEMENT EN VEILLE OU ALLUMÉ** Si votre téléphone est éteint, vous devrez le démarrer avant de pouvoir utiliser votre appareil photo. Même un appui prolongé sur le bouton déclencheur n'allumera pas l'appareil photo. Pensez-y si vous prévoyez d'effectuer des photos.

3 Vous pouvez aussi utiliser le bouton déclencheur, celui sur le côté droit en bas, pour démarrer l'appareil photo. Effectuez un appui long dessus, que votre appareil soit allumé ou en veille.

4 L'appareil photo est prêt à fonctionner.

5 Pour prendre immédiatement une photo, sans modifier les paramètres, appuyez sur le bouton déclencheur.

# Paramétrer la prise de vue

L'appareil photo de votre Lumia 920 dispose de plusieurs paramètres que vous pouvez modifier pour prendre des photos dans des conditions particulières.

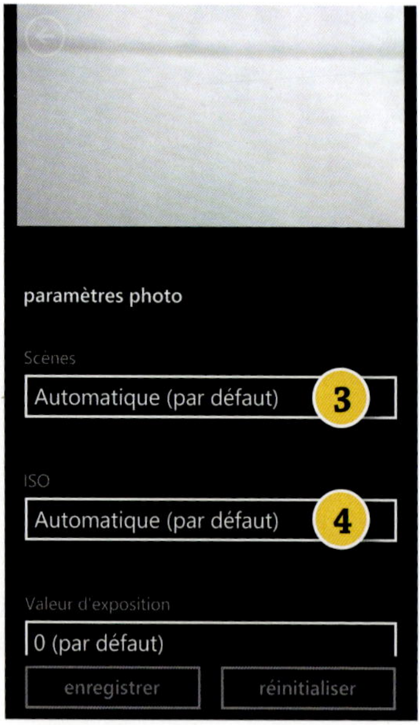


**1** Démarrez l'appareil photo de votre smartphone en suivant l'une des procédures de la fiche 32.

**2** Appuyez sur le bouton avec les trois points puis appuyez sur **Paramètres photo** pour la photo ou sur **Paramètres vidéo** pour la vidéo.

**3** Pour la photo, le paramètre **Scènes** vous permet de choisir le mode de prise de vue en fonction du sujet, de l'action ou des conditions lumineuses.

**4** Le paramètre **ISO** vous permet de modifier la sensibilité du capteur, de 100 à 800. Plus la sensibilité est élevée, moins de lumière est nécessaire pour prendre la photo.

**À TOUT MOMENT** **Vous pouvez modifier les paramètres de prise de vue à tout moment. Pensez simplement que cela peut prendre un peu de temps et que, parfois, le mode automatique peut donner de très bons résultats.**

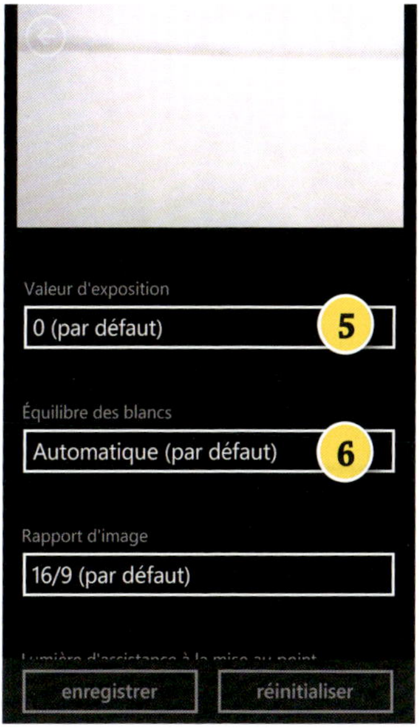

**5** Le paramètre **Valeur d'exposition** permet de surexposer ou de sous-exposer la photo. Cela est pratique si le sujet est trop ou pas assez éclairé.

**6** Le paramètre **Équilibre des blancs** permet de choisir l'éclairage ambiant afin que le blanc reste blanc.

**7** Le paramètre **Rapport d'image** permet de choisir entre une photo au format 16/9 ou 4/3.

**8** Le paramètre **Lumière d'assistance à la mise au point** permet d'allumer le flash pour aider à la mise au point dans de faibles conditions de lumière.

# Paramétrer la prise de vue

Le capteur de votre smartphone assure la prise de vue de photos, mais aussi la capture de vidéos. Ce mode d'enregistrement dispose aussi de quelques paramètres, mais moins nombreux.

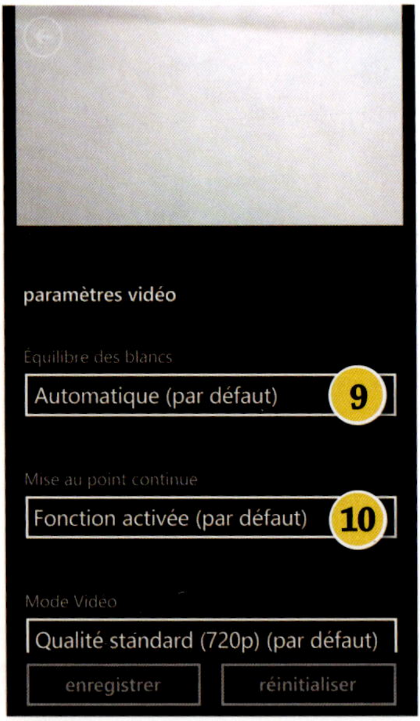


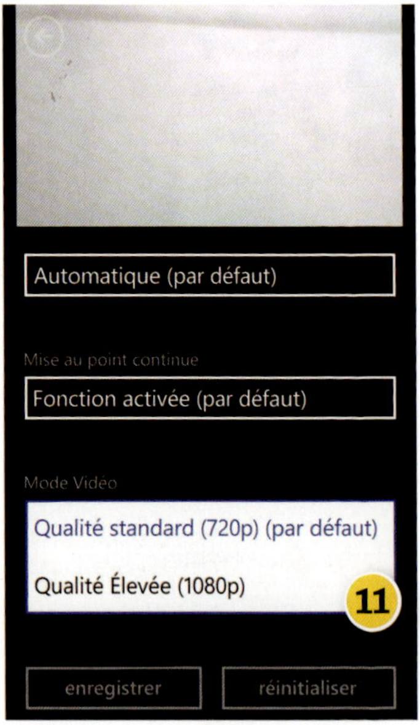


**9** Pour la vidéo, les paramètres sont moins nombreux. Le paramètre **Équilibre des blancs** est le même que pour la photo.

**10** Le paramètre **Mise au point continue** permet à la mise au point d'être active en permanence et de rendre l'objet suivi net.

**11** Le paramètre **Mode Vidéo** permet de sélectionner la qualité vidéo. Par défaut, elle est en 720 p et peut être augmentée à 1080 p soit une résolution Full HD.

**QUESTION DE MÉMOIRE** **Que ce soit pour les photos ou pour les vidéos, si vous mettez la qualité au maximum, les éléments enregistrés prendront plus de place dans la mémoire de votre smartphone. Pensez à les copier sur votre ordinateur pour libérer de la place et les sauvegarder.**

**12** Après avoir défini les paramètres, vous pouvez, sur l'écran de prise de vue, activer ou désactiver le flash avec ce bouton.

**13** Ce bouton permet de basculer entre l'appareil photo dorsal, par défaut, et l'appareil photo frontal.

**14** Ce bouton permet de basculer du mode photo au mode vidéo.

**15** Appuyez sur le déclencheur pour prendre la photo. C'est sur l'objet au centre de l'appareil que sera faite la mise au point.

**16** Pour faire la mise au point sur un objet qui n'est pas au centre de l'appareil, appuyez, sur l'écran, sur l'objet concerné. La mise au point est faite et la photo prise.

# Éditer les photos

Nokia propose avec le Lumia 920 et Windows Phone 8 une application pour la correction des photos : le studio créatif. Elle permet de corriger des petits défauts colorimétriques, de rogner une partie de la photo et d'appliquer une rotation.

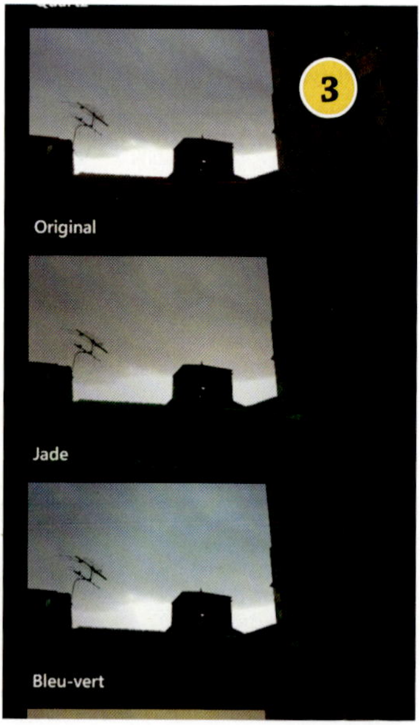


1 Sur l'écran d'accueil de votre smartphone, effectuez un balayage vers la gauche puis appuyez, dans la liste d'application, sur **Studio créatif**.

2 Les vignettes affichent les photos les plus récentes. Appuyez sur celle à éditer.

3 Pour commencer, vous pouvez choisir une ambiance de couleur en effectuant un balayage haut ou bas. Vous pouvez conserver la photo de base en appuyant sur **Original**.

**ENCORE PLUS DE RETOUCHES** **Pour disposer de plus d'outils de retouches, vous devrez vous tourner vers d'autres applications sur le Windows Store. N'hésitez pas à effectuer une recherche pour visualiser l'offre disponible, tant pour les applications gratuites que payantes.**

4 Pour continuer l'édition, appuyez sur le bouton avec le crayon, en bas de l'écran.

5 Le premier écran, **régler**, vous permet d'effectuer quatre réglages : **balance des couleurs**, **luminosité**, **clarté** et **éclat**.

# Éditer les photos

Les réglages sont certes succincts et ne valent pas ceux d'un Adobe Photoshop, mais ils ont le mérite d'être disponibles de suite sans devoir charger la ou les photos sur un ordinateur. Néanmoins, rien ne vous empêche par la suite de récupérer et de traiter vos photos sur votre ordinateur.

**6** En appuyant sur l'un de ces réglages, votre photo sera affichée avec une réglette en dessous vous permettant de moduler le réglage.

**7** Une fois le réglage effectué, appuyez sur la coche en bas de l'écran.

**8** Pour accéder aux corrections depuis l'écran **corriger**, effectuez un balayage vers la droite ou vers la gauche. Il n'y a que deux écrans, cela revient au même.

**9** Vous avez à disposition deux corrections : **rogner + pivoter** et **yeux rouges**. La correction des yeux rouges est automatique et ne dispose pas d'options.

**FORMAT CLASSIQUE JPEG** **Les photos prises avec votre smartphone sont enregistrées dans le format JPEG, l'un des plus utilisés dans le monde de la photo numérique. Il n'y aura donc aucun souci de reconnaissance de vos photos par la plupart des logiciels ou services Internet.**

**10** Déplacez les ronds blancs afin de modifier la taille du rectangle qui définit la taille finale de la photo.

**11** Vous pouvez déplacer votre photo dans le rectangle.

**12** Pour appliquer une rotation de 45°, appuyez sur le bouton en bas à gauche.

**13** Pour une rotation libre, appuyez sur la photo avec deux doigts et faites-les tourner.

**14** Validez en appuyant sur la coche en bas à droite.

**15** Appuyez sur le bouton en bas à droite, avec une disquette, pour enregistrer la photo modifiée.

# Enregistrer une vidéo

L'enregistrement vidéo fait aussi partie des capacités de votre smartphone. Il est aussi simple à faire que des photos. Pensez aux différents réglages disponibles avant de démarrer la capture.

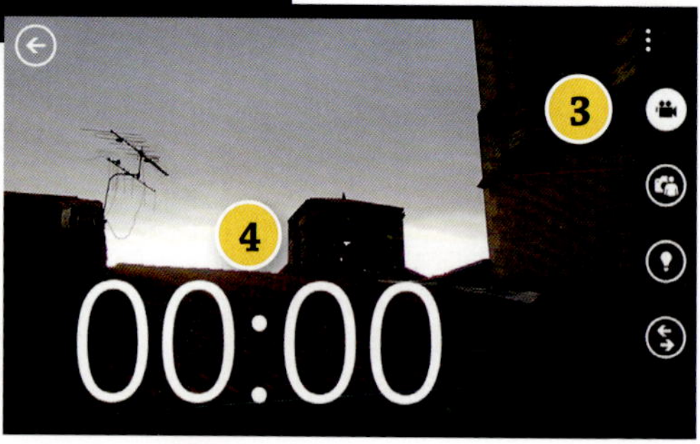


**1** Démarrez l'appareil photo de votre smartphone en suivant l'une des procédures de la fiche 32.

**2** Appuyez sur le bouton avec la caméra pour activer la fonction de capture de vidéo.

**3** Ce bouton devient blanc pour indiquer que c'est bien la caméra qui est active.

**4** De plus, un compteur temporel est affiché.

**À CHAQUE FOIS** Votre smartphone ne garde pas en mémoire le fait que vous ayez utilisé la caméra en dernier et non l'appareil photo. Pour capturer une vidéo, vous devez à chaque fois appuyer sur le bouton pour basculer entre l'appareil photo et la caméra.

**5** Pour déclencher l'enregistrement, appuyez sur le bouton déclencheur.

**6** Vous pouvez aussi toucher l'écran pour démarrer la capture vidéo. Le compteur égrène le temps.

**7** Pour stopper l'enregistrement, appuyez sur le bouton déclencheur.

**8** Vous pouvez aussi toucher l'écran pour stopper la capture vidéo.

# Visualiser les photos et vidéos

Après avoir capturé des photos et des vidéos, vous pouvez les regarder sur votre smartphone et, par exemple, repérez celles que vous allez partager avec d'autres personnes.

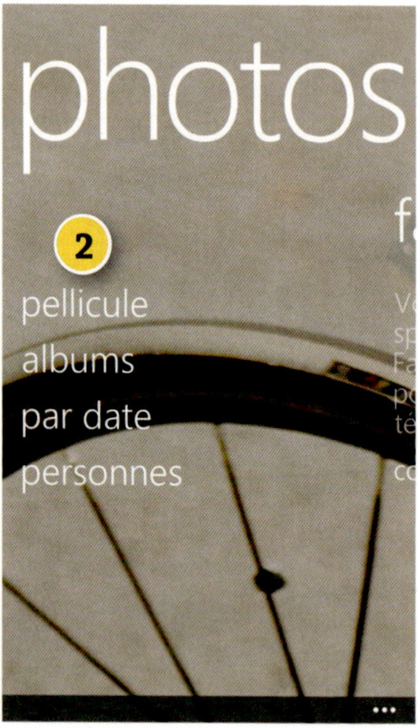


**1** Sur l'écran d'accueil de votre smartphone, appuyez sur la vignette **Photos**.

**2** Vous pouvez aussi y accéder en effectuant un balayage vers la gauche sur l'écran d'accueil puis en appuyant sur **Photos** dans la liste des applications.

**3** Les photos et vidéos capturées sont stockées dans le dossier **pellicule**. Appuyez dessus.

**ZOOM Vous pouvez zoomer dans une photo en appuyant avec deux doigts puis en les écartant en diagonale. Faites l'inverse pour réduire le zoom. Vous pouvez aussi taper deux fois sur la photo pour zoomer rapidement et revenir à l'affichage normal.**

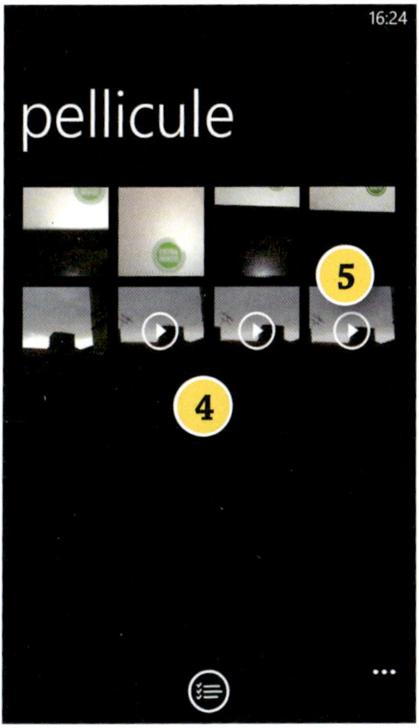


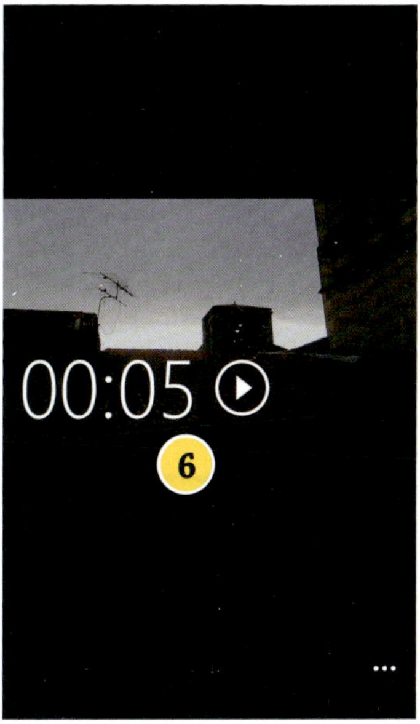


4 Les vignettes avec un triangle blanc représentent les vidéos, les autres vignettes sont les photos.

5 Appuyez sur l'élément à visionner.

6 Si c'est une vidéo, la durée de la vidéo est affichée. Appuyez sur le triangle blanc pour démarrer la lecture.

7 Pour passer aux autres éléments, effectuez un balayage droit ou gauche.

# Partager les photos et vidéos

Si vous avez une connexion Internet active sur votre smartphone, vous pouvez partager vos photos et vidéos sans passer par un ordinateur. Windows Phone 8 propose cette fonction nativement.

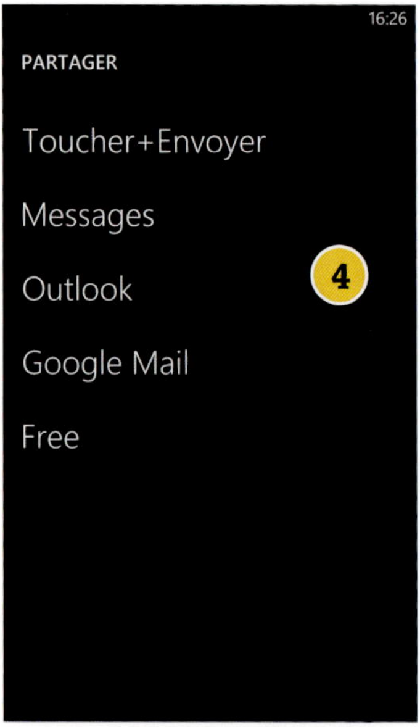


**1** Accédez aux photos et vidéos que vous avez capturées en suivant la procédure de la fiche 36.

**2** Appuyez sur la photo ou la vidéo à partager.

**3** Appuyez sur les trois points blancs, en bas à droite, et dans le menu qui s'affiche appuyez sur **partager**.

**4** Si c'est une vidéo, les options se limitent principalement à l'envoi par e-mail.

**AUTREMENT Certaines applications n'intègrent pas la fonction de partage de Windows Phone 8, mais peuvent parfaitement disposer d'une telle fonction. C'est le cas de Facebook, qui n'apparaît pas dans la liste de partage, mais qui offre la possibilité d'ajouter des photos sur votre mur.**

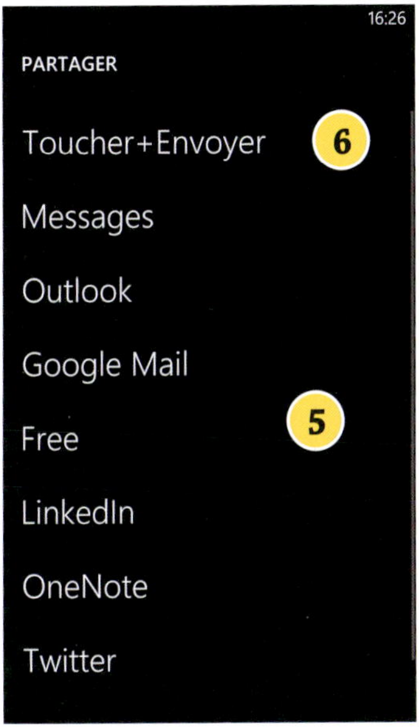

5 Si c'est une photo, en plus des fonctions d'e-mail, les logiciels intégrant la fonction de partage de Windows Phone 8 sont affichés.

6 La fonction **Toucher+Envoyer** permet d'échanger rapidement des éléments entre deux téléphones simplement en les touchant.

7 Vous pouvez saisir une légende dans le champ prévu à cet effet avant le partage.

8 Appuyez sur le bouton en bas à gauche pour partager votre photo.

# Transférer des fichiers multimédias

Pour vous divertir ou vous détendre avec votre smartphone, vous pouvez écouter de la musique ou regarder des vidéos. Pour cela, vous devez transférer ces fichiers sur votre smartphone *via* votre ordinateur.

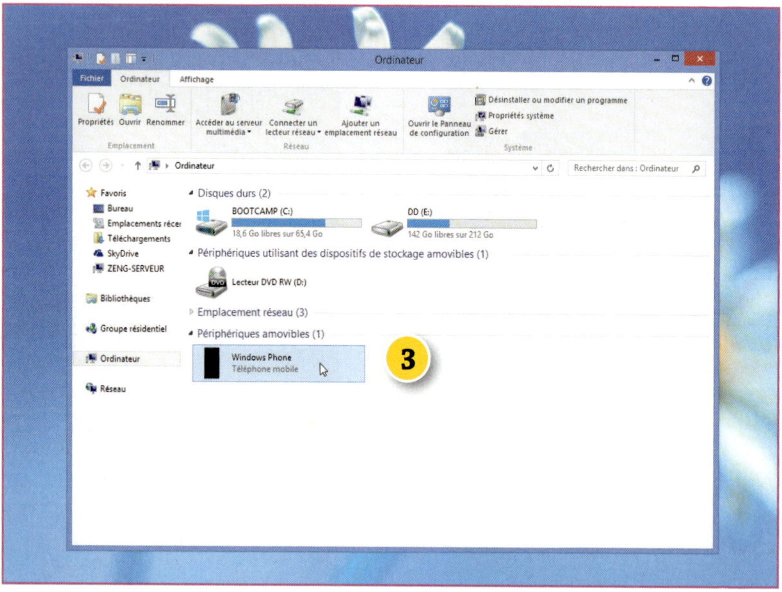


**1** Connectez votre smartphone à votre ordinateur à l'aide du câble USB fourni ou d'un autre câble avec les mêmes connexions.

**2** Sur Windows 8, l'installation du smartphone et de l'application Windows Phone se fait automatiquement.

**3** Après l'installation, rendez-vous dans l'**Explorateur Windows**, où votre smartphone apparaît dans la rubrique **Périphériques amovibles** sous la mention **Windows Phone**. Double-cliquez dessus.

**WINDOWS PHONE SUR OS X** **Sur Mac, vous pouvez télécharger l'application Windows Phone dans le Mac App Store. Elle est gratuite et permet l'échange de données entre votre smartphone et votre Mac.**

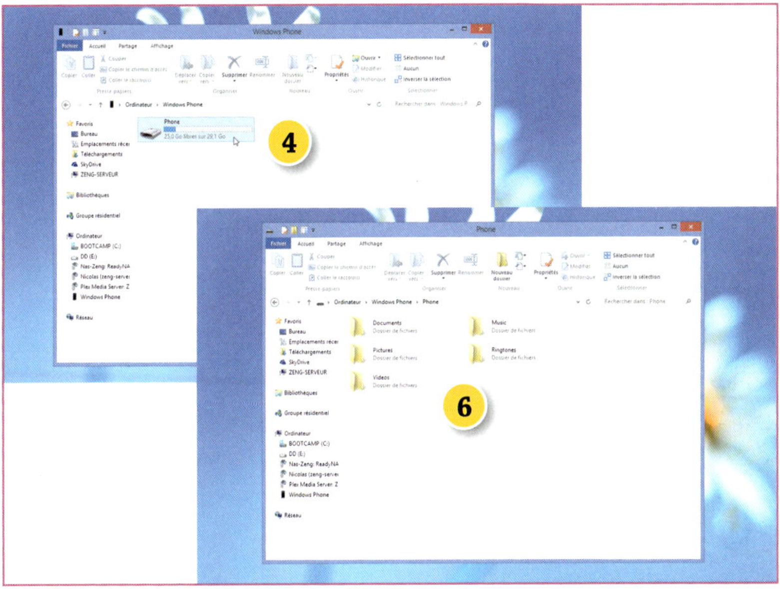


**4** Le dossier **Phone** s'affiche et vous indique la capacité totale et la capacité disponible sur votre smartphone.

**5** Double-cliquez dessus pour afficher l'arborescence de votre smartphone.

**6** Les différents dossiers sont affichés. Pour une copie sous Windows, copiez les fichiers et/ou dossiers de votre choix dans les dossiers adéquats : la musique dans le dossier **Music**, les fichiers vidéo vers le dossier **Videos**, etc.

**7** Vous pouvez parcourir ces dossiers comme des dossiers classiques et supprimer des éléments que vous y avez copiés.

# Lire un fichier audio

Maintenant que votre musique est stockée sur votre smartphone, vous pouvez en profiter. Windows Phone 8 dispose d'une application de lecture de fichier audio, autant en profiter.

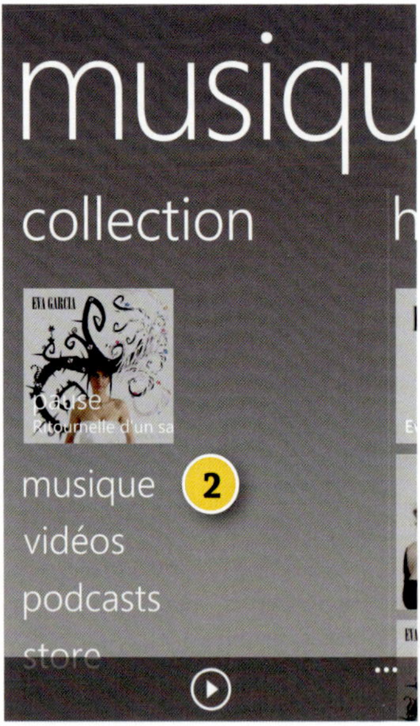


**1** Sur l'écran d'accueil de votre smartphone, appuyez sur la vignette **Musique+Vidéos**.

**2** Dans l'écran **collection**, appuyez sur **musique**.

**QUELS FORMATS DE FICHIERS AUDIO ?** **Votre Lumia 920 est capable de lire bon nombre de formats audio comme les plus célèbres MP3 et WMA. Les autres formats gérés sont ASF, MP4, AAC, AMR, M4A, 3GP et 3G2. Pour d'autres formats, certaines applications du Windows Store peuvent peut-être répondre à vos attentes.**

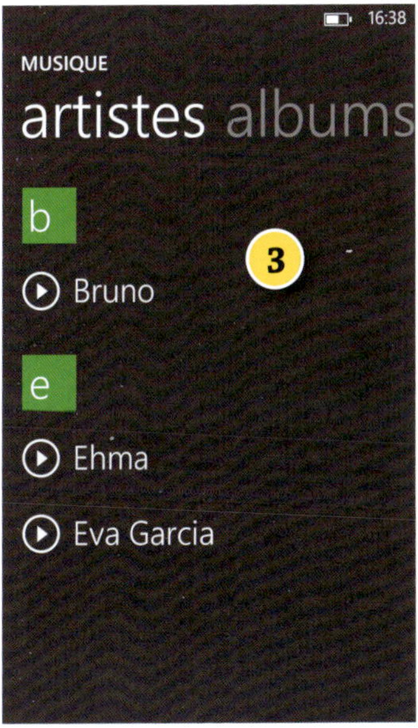

**3** Vos différents fichiers peuvent être affichés avec différentes vues. Par défaut, c'est la vue par **artistes**.

**4** En faisant plusieurs balayages vers la gauche, vous afficherez vos fichiers successivement par **albums**, par **morceaux**, par **sélections** et par **genres**.

**5** S'il s'agit d'un artiste, vous pouvez appuyer directement sur la flèche à gauche du nom pour tout lire.

**6** Pour un album, la flèche se situe sur la pochette de l'album.

# Lire un fichier audio

Vous n'êtes pas obligé de suivre la liste de lecture par défaut. Des options de lecture sont à votre disposition.

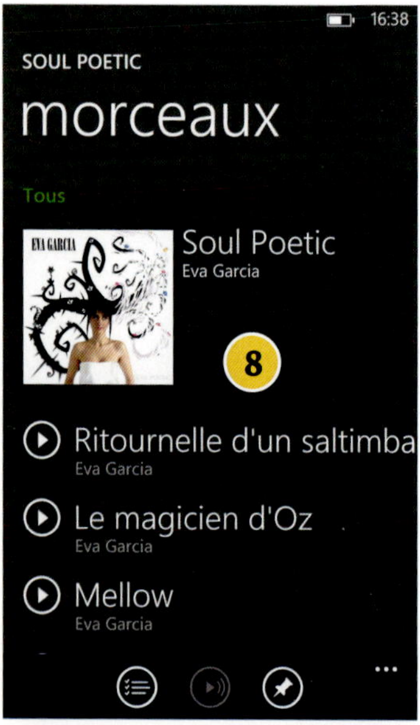


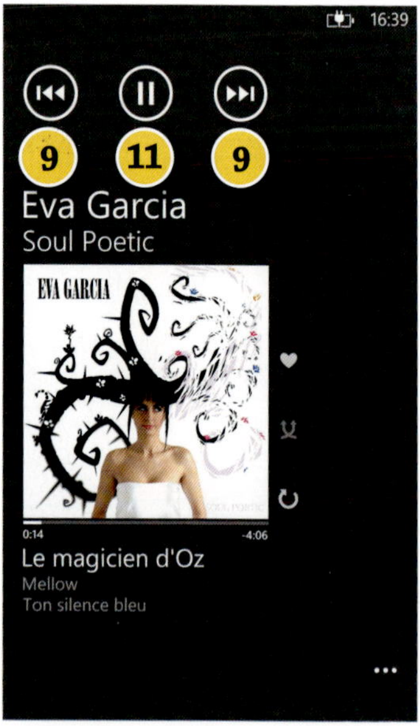


**7** Pour accéder au contenu d'un album, appuyez sur son nom.

**8** La liste des morceaux de l'album est affichée. Appuyez sur la flèche devant le nom du morceau que vous voulez écouter.

**9** Durant l'écoute, vous pouvez changer de morceau avec les boutons aux doubles flèches.

**10** Vous pouvez aussi effectuer un balayage vers la droite ou la gauche pour changer de morceau.

**11** Vous pouvez mettre sur pause puis reprendre la lecture avec ce bouton.

**MÊME EN VEILLE Après avoir démarré la lecture de musique, vous pouvez mettre votre smartphone en veille. La lecture continue et les boutons de modification du volume sont actifs. La mise en veille de l'écran durant la lecture permet d'économiser un peu de batterie.**

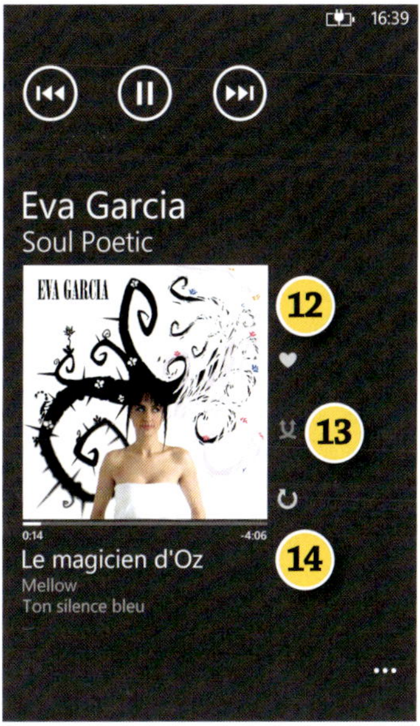


12 À droite de la pochette d'album, vous pouvez appuyer sur le cœur pour placer ce morceau en favori.

13 Les doubles flèches permettent de changer le mode de lecture de continu à aléatoire.

14 La flèche courbée permet de mettre la lecture en boucle pour tout l'album. Une seconde pression met la lecture en boucle seulement pour le morceau.

# Lire un fichier vidéo

Comme pour la musique, après avoir copié votre ou vos fichiers vidéo sur votre smartphone, vous pouvez en profiter. Ici les options de classement sont plus sommaires.

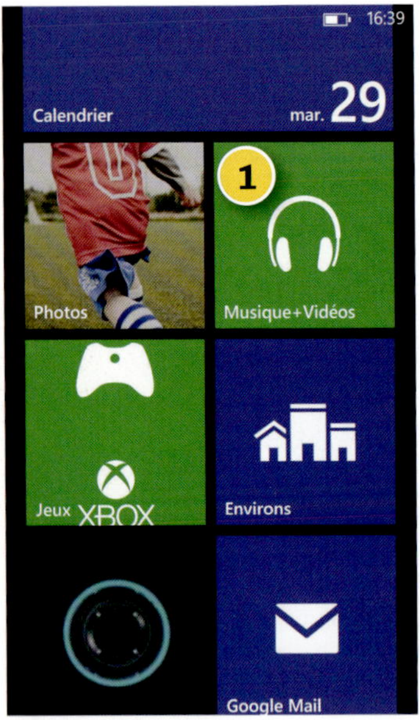


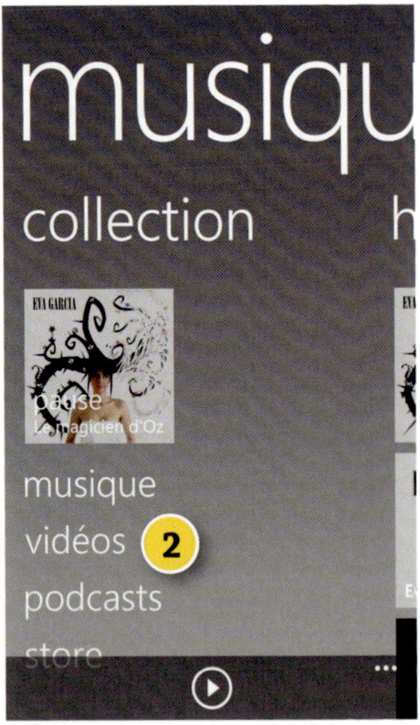


1 Sur l'écran d'accueil de votre smartphone, appuyez sur la vignette **Musique+Vidéos**.

2 Dans l'écran **collection**, appuyez sur **vidéos**.

**QUELS FORMATS DE FICHIERS VIDÉO ?** **Votre Lumia 920 est capable de lire les formats classiques MP4, DivX, Xvid et H264. Attention toutefois, le MKV, pourtant répandu, n'est pas supporté nativement par Windows Phone 8. Là encore, un tour sur le Windows Store peut vous apporter une réponse.**

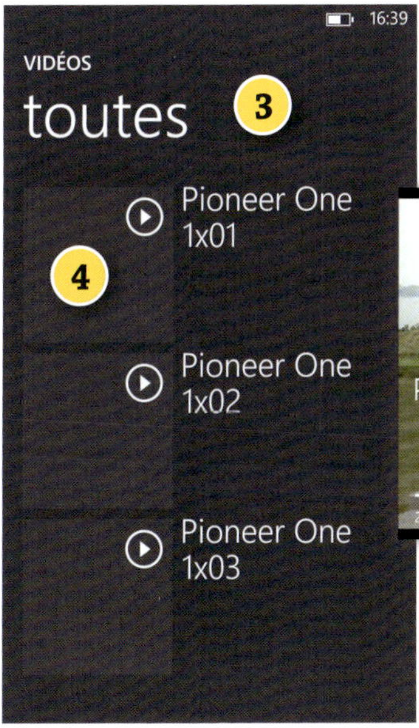

**3** La liste des fichiers vidéo est affichée.

**4** Appuyez sur celui de votre choix pour démarrer la lecture.

**5** Durant la lecture, appuyez sur l'écran pour afficher la barre de contrôle. Le bouton du milieu permet de mettre en pause et de reprendre la lecture.

**6** De chaque côté, ces boutons permettent d'avancer ou de reculer dans la lecture.

**7** Ce bouton permet d'ajuster la taille de la vidéo à celle de l'écran.

# Écouter Nokia Musique en streaming

Nokia apporte avec le Lumia 920 une fonction unique à Windows Phone 8 : la musique gratuite en streaming. Cela nécessite une connexion Internet active et vous permet d'écouter de la musique, mais vous choisissez un thème musical et non des morceaux précis.

1 Sur l'écran d'accueil de votre smartphone, appuyez sur la vignette avec une note de musique.

2 Vous pouvez aussi effectuer un balayage vers la gauche et, dans la liste des applications, appuyez sur **Nokia Musique**.

3 Le lien **ma musique** permet de retrouver vos fichiers, comme abordé dans la fiche 39.

4 Les liens **boutique** et **concerts** permettent de faire des achats.

5 Le lien **paramètres** permet d'afficher des données et des paramètres sur l'application.

6 Appuyez sur **mix radio**.

**CONSOMMATION DE DONNÉES** **Comme Nokia Musique permet d'écouter de la musique directement à partir d'Internet, il est fortement conseillé d'utiliser une connexion Wi-Fi et votre connexion de données pour cette activité. Sinon, vous allez atteindre très rapidement le quota qui vous est alloué.**

**7** Les genres disponibles sont affichés. Balayez vers le haut pour parcourir la liste. Appuyez sur le genre de votre choix.

**8** Des sous-catégories sont affichées, appuyez sur celle de votre choix pour démarrer la lecture.

**9** La lecture démarre. Durant la lecture vous pouvez mettre en pause et reprendre la lecture.

**10** Vous pouvez changer de morceau avec ce bouton, mais dans la limite de 6 morceaux par heure.

**11** Ce bouton permet d'accéder à la page d'achat du morceau.

# CHAPITRE 6

# GÉRER APPLICATIONS ET MUSIQUE

# Utiliser le Windows Store

Le Windows Store est la source d'applications et de musique pour votre smartphone. Vous y trouvez toutes sortes d'applications et de jeux, gratuits ou payants. Pour la musique, tous les morceaux et les albums sont payants.

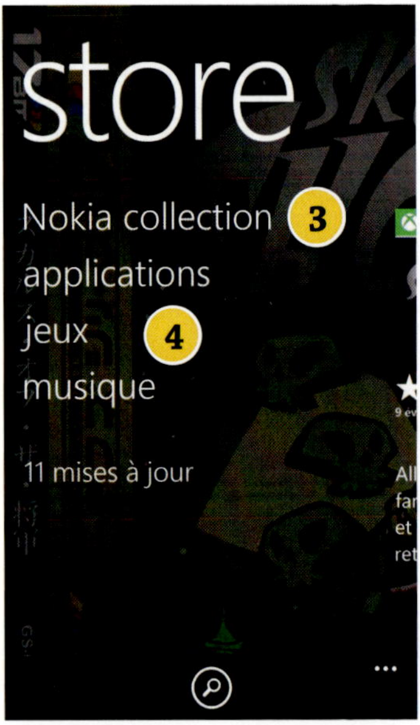


**1** Sur l'écran d'accueil de votre smartphone, appuyez sur la vignette du Windows Store.

**2** S'il y a un numéro, il correspond aux mises à jour disponibles. Cette procédure est abordée plus loin dans ce chapitre.

**3** La page d'accueil du Windows Store vous propose plusieurs catégories. La première, **Nokia collection**, réunit différentes applications et des jeux gratuits ou payants en promotion.

**4** Le nom des autres catégories indique ce qu'elles contiennent.

**GROS CONSOMMATEUR DE MUSIQUE** Si vous écoutez souvent et beaucoup de musique, Microsoft propose un système d'abonnement, le Xbox Music Pass. Un lien (essayer la musique illimitée) vers le service est disponible sur le deuxième écran de l'espace musical du Windows Store.

**5** En appuyant sur l'une des catégories, la page d'accueil de la catégorie met en avant un élément.

**6** En effectuant des balayages vers la gauche, vous aurez, successivement, des offres spéciales, l'accès aux sous-catégories et à la une de la catégorie.

**7** Appuyez sur la vignette d'un élément pour afficher sa page.

# Rechercher une application

Il peut être compliqué de trouver l'application dont on a besoin ou qui correspond au mieux à nos attentes. Le Windows Store dispose d'un moteur de recherche intégré pour vous aider dans votre recherche de l'application idéale.

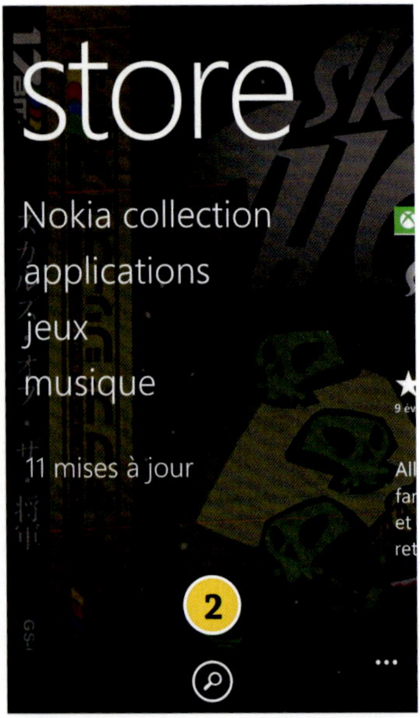


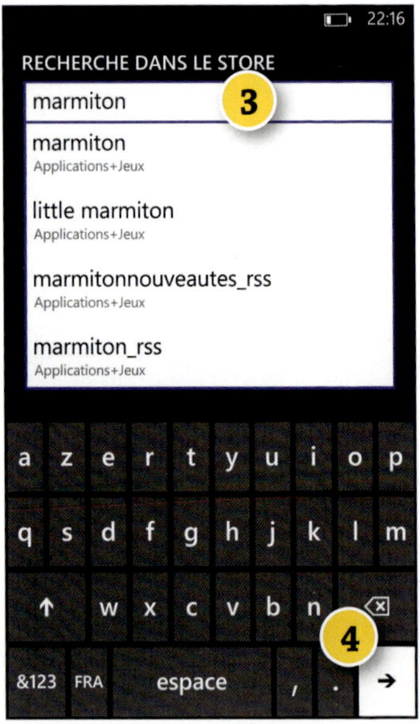


**1** Sur l'écran d'accueil de votre smartphone, appuyez sur la vignette du Windows Store.

**2** Sur la page d'accueil du Windows Store, appuyez sur la loupe en bas de l'écran.

**3** Dans le champ de recherche, saisissez le mot ou l'expression recherché.

**4** Appuyez sur le bouton **Entrée** pour lancer la recherche.

**TROP DE RÉSULTATS** Si le résultat de la recherche donne trop de réponses, essayez d'afficher la requête en utilisant plusieurs mots. La recherche sera mieux orientée et les résultats n'ayant pas les deux mots seront exclus.

**5** Les résultats sont listés. Si la liste est longue, effectuez un, voire plusieurs, balayage vers le haut pour visualiser tous les résultats.

**6** Chaque ligne vous donne une information sur l'application avec son éditeur, son tarif (prix ou gratuité), le nombre d'évaluations et l'évaluation avec des étoiles.

**7** Appuyez sur la vignette d'une application pour afficher sa page.

# Télécharger une application

Après avoir trouvé l'application qui vous convient, vous pouvez la télécharger et l'installer. Une étape supplémentaire peut être nécessaire si l'application est payante.

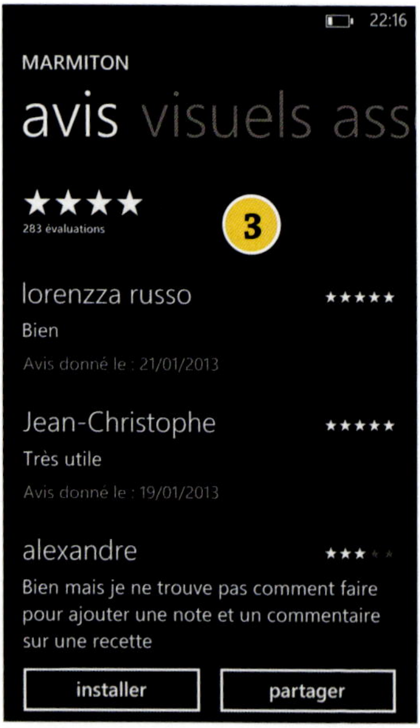


**1** Accédez à la page de l'application soit par la recherche soit par les catégories.

**2** La page de l'application affiche plusieurs informations comme sa taille, son descriptif, etc.

**3** En effectuant un balayage vers la gauche, vous affichez la page des avis d'autres utilisateurs de l'application.

**NE PAS HÉSITER À ESSAYER** N'hésitez pas à essayer l'application avant de l'acheter. Ainsi, vous serez fixé si c'est celle qui correspond à vos attentes. Si c'est le cas, achetez-la sinon, désinstallez-la. La désinstallation d'application est abordée à la fin de ce chapitre.

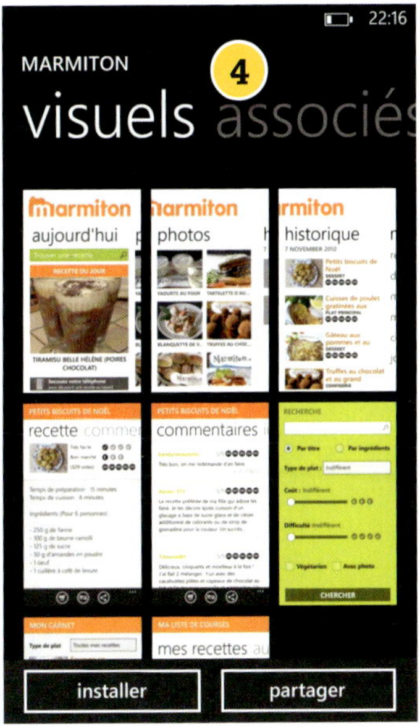

**4** En effectuant encore un balayage vers la gauche, vous affichez la page des illustrations. Appuyez sur les vignettes des images pour les agrandir et avoir un aperçu de l'application.

**5** En effectuant encore un balayage vers la gauche, vous affichez la page d'applications associées.

**6** Si l'application est gratuite, appuyez sur le bouton **Installer**. L'application sera téléchargée et automatiquement installée.

**7** Si l'application est payante, vous pouvez l'essayer ou l'acheter. Pour l'achat, vous devrez vous munir d'une carte bancaire pour le paiement en ligne.

# Rechercher de la musique

Comme pour les applications ou les jeux, il peut être difficile de trouver le morceau ou l'album souhaité. Là aussi, le moteur de recherche du Windows Store va vous aider.

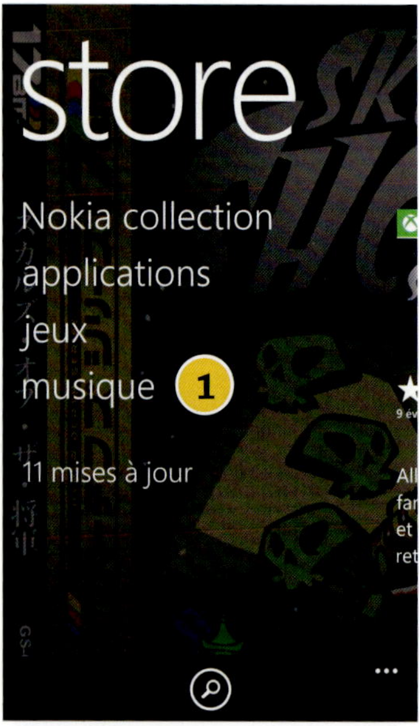

**1** Accédez au Windows Store puis appuyez sur **musique**.

**2** Sur la page d'accueil musicale, appuyez sur la loupe, en bas.

**RÉDUIRE LES RÉSULTATS** Le principe est le même que pour la recherche d'applications. Pour limiter les résultats, qui peuvent être nombreux, utilisez plusieurs mots afin d'aiguiller le moteur de recherche.

**3** Dans le champ de recherche, saisissez un ou plusieurs mots en relation avec ce que vous cherchez : nom de l'artiste, du groupe, titre de l'album, d'un morceau, etc.

**4** Appuyez sur la touche de validation pour démarrer la recherche.

**5** Sur la page de résultats, effectuez un ou plusieurs balayages pour parcourir la liste proposée.

**6** Appuyez sur l'élément qui vous intéresse pour accéder à sa page.

# Acheter de la musique

Avec le Windows Store, tous les morceaux et tous les albums sont payants. Néanmoins, le catalogue proposé est imposant et couvre la plupart des styles avec des artistes tant contemporains que moins récents.

**1** Accédez au Windows Store puis appuyez sur **musique**.

**2** Effectuez une recherche ou parcourez les différents écrans de la partie musicale du Windows Store pour trouver le morceau ou l'album qui vous intéresse.

**3** Pour un album, la liste des morceaux est affichée. Effectuez un balayage vers le haut pour visualiser les différents morceaux.

**4** Vous pouvez avoir une préécoute de 30 secondes pour chaque titre en appuyant sur le triangle à gauche du morceau.

**MUSIQUE EN PRÉÉCOUTE** **Même si la durée de préécoute ne fait que 30 secondes, cela permet de vérifier que c'est le morceau recherché et pas un autre. N'hésitez pas à utiliser ce service avant d'acheter votre musique.**

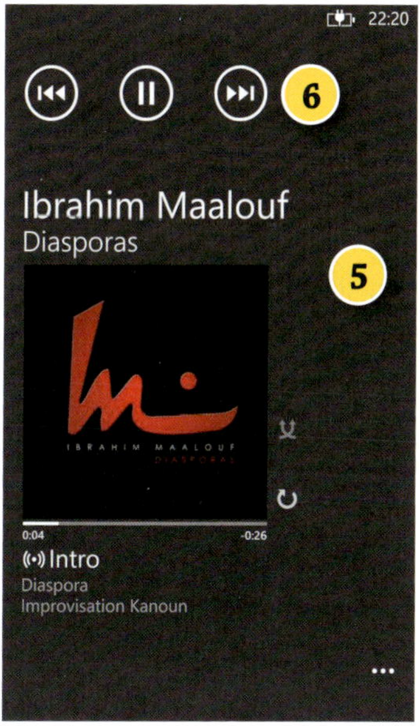


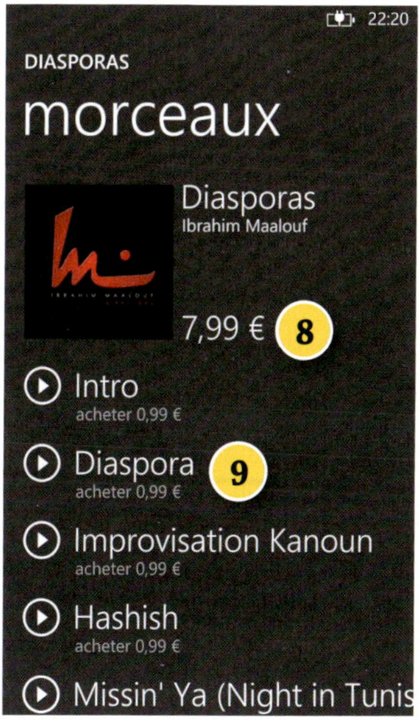


**5** La préécoute démarre sur une nouvelle page.

**6** Une barre de contrôle est affichée en haut vous permettant de changer de morceau et de mettre en pause ou de reprendre la lecture.

**7** Appuyez sur la touche retour pour revenir sur la page de l'album.

**8** Pour acheter l'album, appuyez sur son prix en bas à droite de la pochette.

**9** Pour acheter un morceau de l'album, appuyez sur le titre du morceau dans la liste.

**10** Pour finaliser l'achat, vous devrez vous munir d'une carte bancaire pour le paiement en ligne.

# Gérer une application

La vie d'une application sur votre smartphone se définit en deux points : soit vous l'utilisez, soit vous ne l'utilisez pas. Si vous l'utilisez, vous pouvez être amené à la mettre à jour. Si vous ne l'utilisez pas, autant la désinstaller. Voici comment faire pour gérer vos applications.

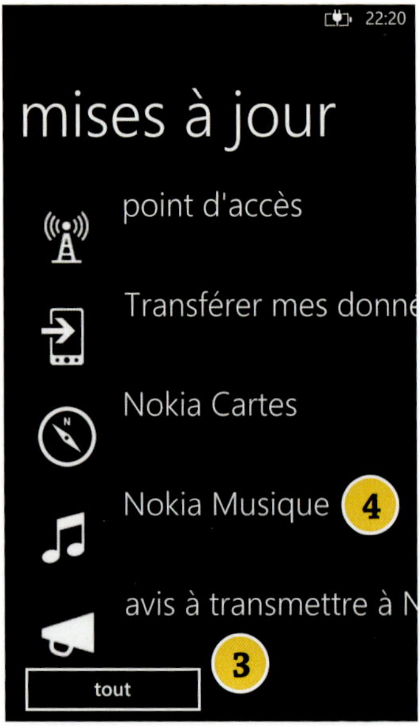


**1** Pour mettre à jour une ou plusieurs applications, appuyez sur la vignette du Windows Store qui affiche le nombre de mises à jour disponibles.

**2** Sur l'écran d'accueil du Windows Store, appuyez sur **X mises à jour**, en bas de l'écran, où **X** correspond au nombre de mises à jour.

**3** Pour mettre à jour toutes les applications, appuyez sur **tout** en bas de l'écran.

**4** Pour mettre à jour une seule application, appuyez sur son nom dans la liste.

**UNE PAR UNE L'intérêt de pouvoir mettre à jour seulement une application réside dans le fait de limiter la consommation de données du forfait, tant en France qu'à l'étranger, lorsque vous devez utiliser une application et que sa mise à jour est importante pour vous.**

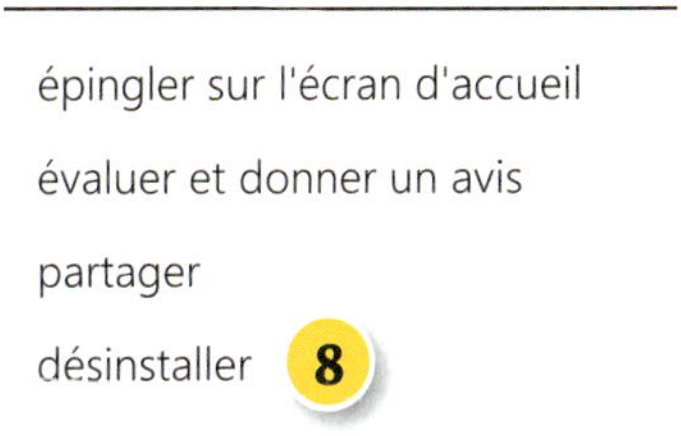


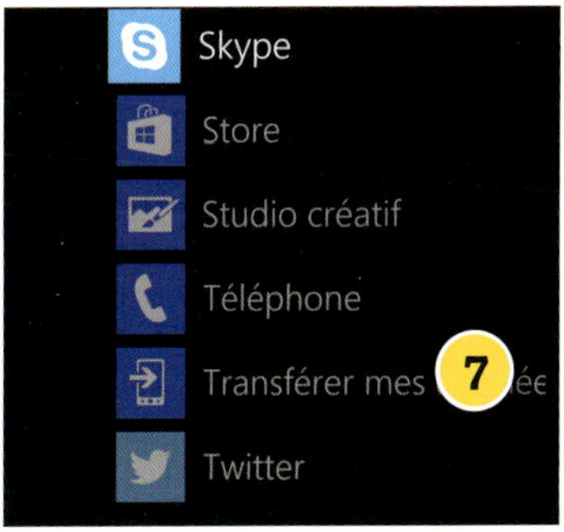


**5** Appuyez sur le bouton **mettre à jour** pour mettre à jour l'application.

**6** Pour désinstaller une application, effectuez un balayage vers la gauche sur l'écran d'accueil pour accéder à la liste des applications.

**7** Effectuez un ou plusieurs balayages vers le haut pour afficher le nom de l'application à désinstaller.

**8** Effectuez un appui long sur le nom de l'application et, dans le menu qui s'affiche, appuyez sur **désinstaller**.

**9** Une confirmation sera demandée vous informant de la suppression des données associées à cette application.

# CHAPITRE 7

# UTILISER LA TÉLÉPHONIE

# Composer un numéro

Après Internet, la vidéo, la musique, les applications et jeux, vous pouvez aussi téléphoner avec votre smartphone. Vous pouvez aussi envoyer des SMS et des MMS aux contacts gérés par votre smartphone.

1 Sur l'écran d'accueil de votre téléphone, appuyez sur la vignette avec un téléphone comme icône et la mention de votre opérateur.

2 Par défaut, vous arrivez sur la page historique, qui affiche les derniers appels émis ou reçus. Appuyez sur l'un des numéros pour le composer.

3 Pour afficher le pavé numérique, appuyez sur ce bouton.

**DEPUIS OU VERS L'ÉTRANGER** **N'oubliez pas que lorsque vous voulez téléphoner depuis ou vers l'étranger, vous devez utiliser des indicatifs spéciaux. Renseignez-vous avant de partir ou avant de téléphoner sous peine de ne pas pouvoir téléphoner.**

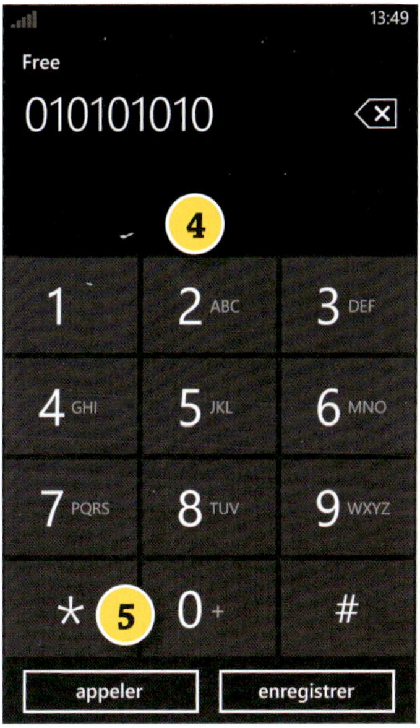


4 Saisissez votre numéro à l'aide du pavé numérique.

5 Appuyez sur **appeler** pour composer le numéro saisi.

# Ajouter un contact

Pour éviter de saisir le numéro de téléphone d'un correspondant, vous pouvez l'ajouter en tant que contact dans votre carnet. Vous pourrez y ajouter d'autres informations.

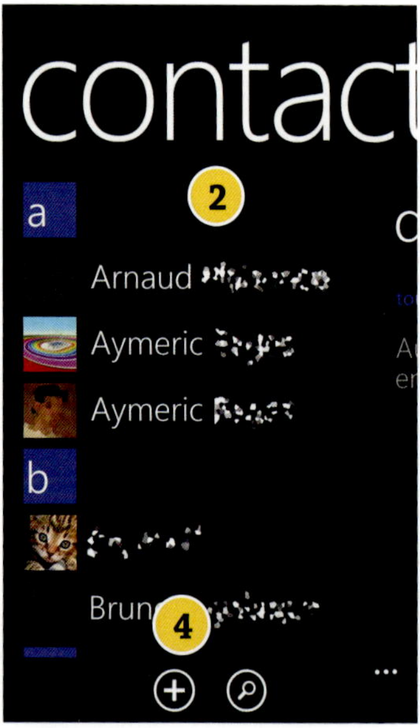


1 Sur l'écran d'accueil de votre smartphone, appuyez sur la vignette **Contacts**.

2 Les contacts présents sur votre carte SIM et ceux des comptes que vous avez ajoutés (Outlook, Google, etc.) sont affichés avec cet écran.

3 Effectuez un ou plusieurs balayages vers le haut pour les parcourir.

4 Pour ajouter un nouveau contact, appuyez sur le signe ⊕, en bas de l'écran.

**CONTACTS DANS LE NUAGE** **En ajoutant un contact à un compte lié à votre smartphone (Outlook, Google, etc.), celui-ci devient disponible pour d'autres appareils ou services utilisant ce compte.**

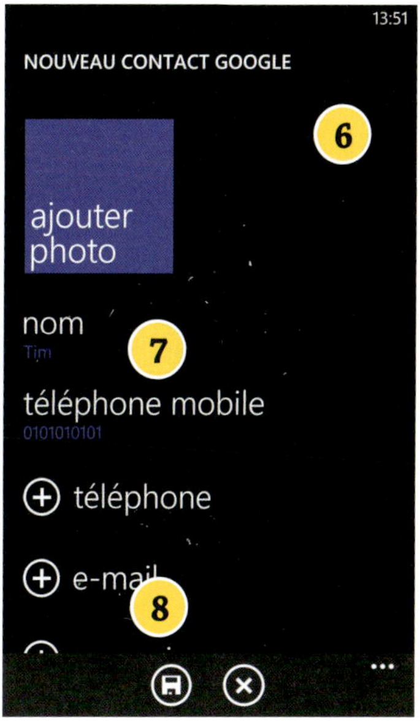


5 Si vous avez plusieurs comptes liés à votre smartphone (Outlook, Google), sélectionnez celui dans lequel le nouveau contact sera enregistré.

6 Une fiche vierge pour votre contact est affichée.

7 Appuyez sur les éléments que vous voulez renseigner.

8 Appuyez sur le bouton avec la disquette pour enregistrer votre contact.

# Appeler un contact

Après avoir renseigné les fiches de vos différents contacts, vous pouvez les utiliser pour les appeler, sans saisir leur numéro de téléphone.

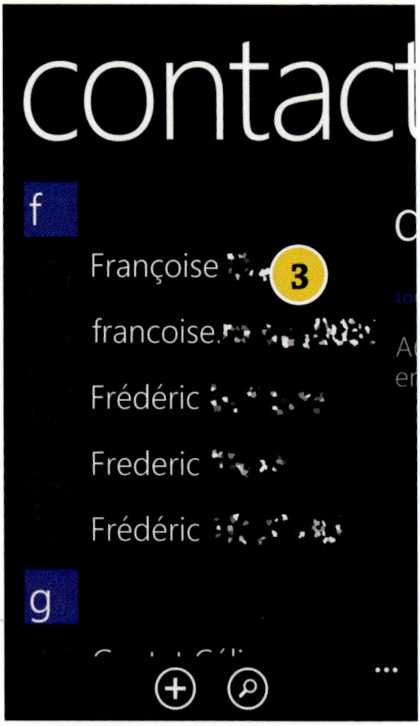


**1** Sur l'écran d'accueil de votre smartphone, appuyez sur la vignette **Contacts**.

**2** Effectuez un ou plusieurs balayages vers le haut pour les parcourir. Ils sont classés, par défaut, selon l'ordre alphabétique des prénoms.

**3** Appuyez sur le contact de votre choix.

**APPELS ILLIMITÉS Faites attention à la durée de vos appels. Pour les forfaits illimités, il y a une durée maximale par appel. Dans les faits, une fois atteinte la limite, vous devez raccrocher puis rappeler votre correspondant, sinon des frais supplémentaires peuvent être facturés.**

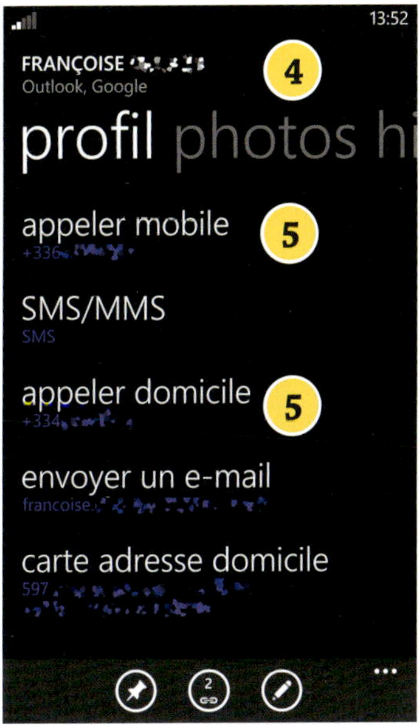


4 La fiche du contact est affichée.

5 En fonction des éléments que vous avez renseignés sur le contact, les différents numéros de téléphone sont affichés. Appuyez sur celui de votre choix pour qu'il soit immédiatement composé.

# Ajouter le numéro d'un appel reçu

Après avoir composé directement un numéro ou reçu un appel sans que la personne soit dans vos contacts, vous avez un numéro non lié à un contact. Vous pouvez, à partir de ce numéro, créer un nouveau contact ou le lier à un contact existant.

1 Sur l'écran d'accueil de votre téléphone, appuyez sur la vignette avec un téléphone comme icône et la mention de votre opérateur.

2 Sur l'écran historique, appuyez sur le nouveau numéro.

**UNE PERSONNE, PLUSIEURS NUMÉROS** **Un contact peut avoir plusieurs numéros, mobiles ou fixes. Pour les ajouter, répétez la procédure de cette fiche et ajoutez à chaque fois le nouveau numéro.**

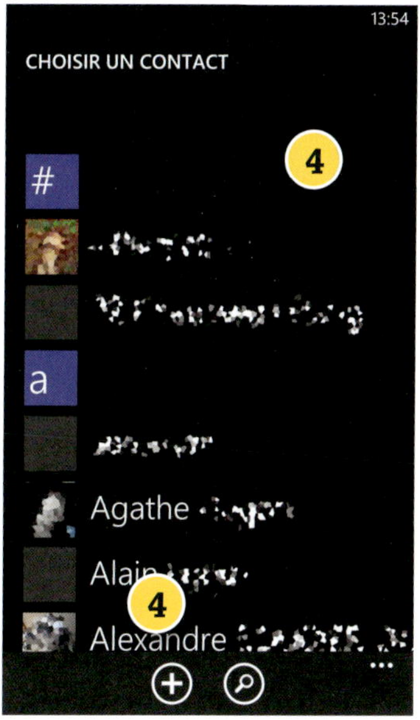


**3** Sur l'écran suivant, appuyez sur l'icône avec une disquette, en bas.

**4** Vous pouvez alors choisir un contact existant pour ajouter ce numéro à sa fiche ou appuyer sur le bouton ⊕, en bas de l'écran, pour créer une nouvelle fiche de contact.

# Rechercher un contact

Entre les contacts saisis manuellement et les contacts des différents comptes liés à votre smartphone, vous pouvez atteindre rapidement des dizaines voire plus d'une centaine de contacts. Heureusement, il est possible d'effectuer une recherche pour aller plus vite.

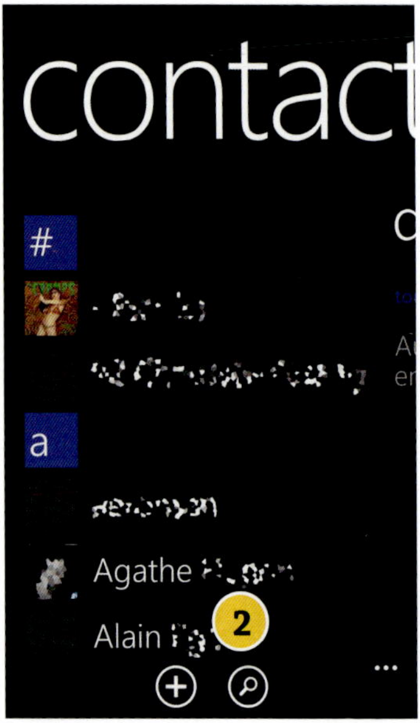


1 Sur l'écran d'accueil de votre smartphone, appuyez sur la vignette **Contacts**.

2 Appuyez sur la loupe en bas de l'écran.

**AUTRE MOYEN DE RECHERCHE** **Dans la liste des contacts, appuyez sur une des lettres dans le carré de couleur pour afficher l'alphabet. Celui-ci vous permet d'accéder directement aux contacts commençant par la lettre de l'alphabet sur laquelle vous allez appuyer.**

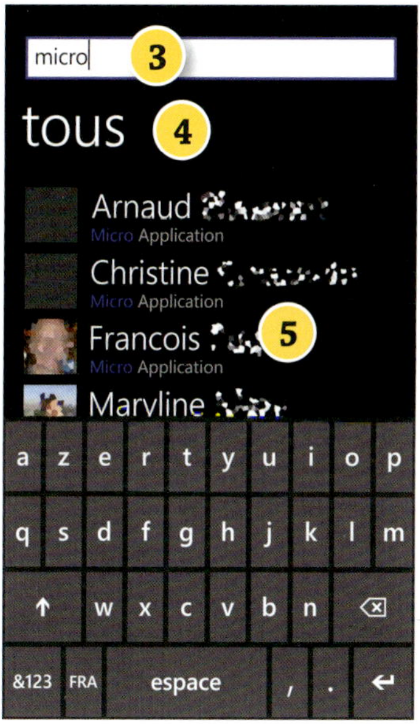


**3** Commencez à saisir une information sur le contact recherché comme le prénom, le nom, la société, etc.

**4** Les résultats s'affichent sous le champ de recherche dès la saisie du premier caractère.

**5** Appuyez sur le contact qui vous intéresse.

# Envoyer un SMS ou un MMS

Les SMS sont un moyen simple et rapide d'envoyer un message à un ou plusieurs correspondants. Quasiment tous les forfaits incluent des SMS, voire des MMS. Autant en profiter !

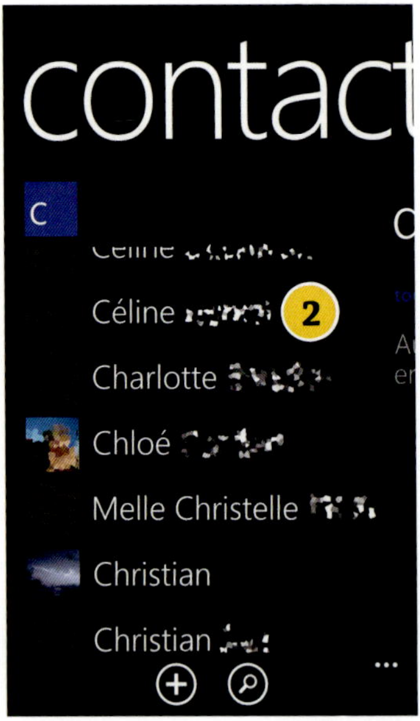


**1** Sur l'écran d'accueil de votre smartphone, appuyez sur la vignette **Contacts**.

**2** Accédez à la fiche du contact auquel vous voulez envoyer un SMS.

**ATTENTION AUX FRAIS** **En fonction de votre forfait, les SMS peuvent ne pas être compris et l'envoi de message vous sera facturé. Par contre, la réception de SMS n'est pas facturée sauf en déplacement à l'étranger.**

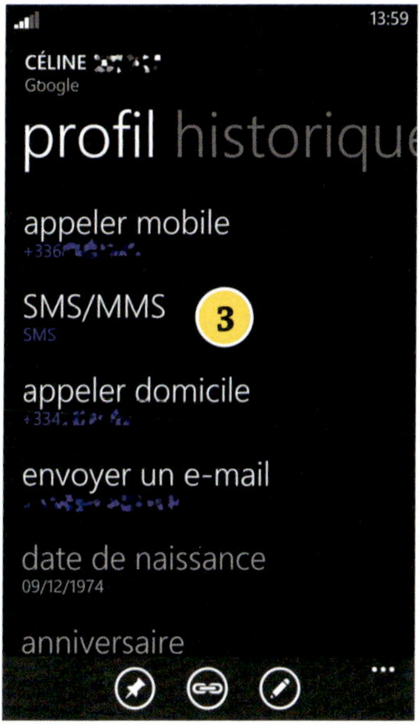


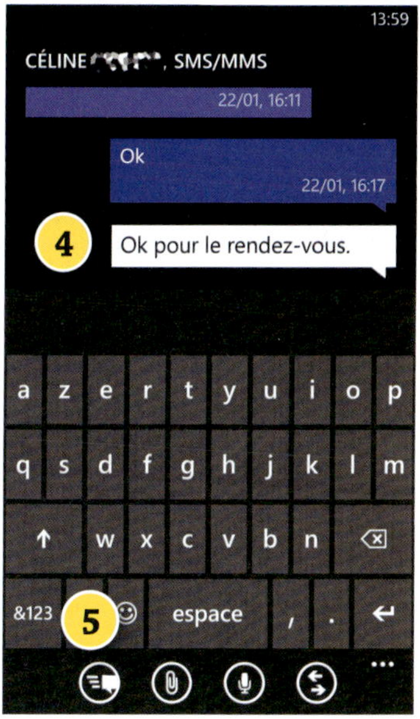


**3** Sur la fiche du contact, appuyez sur **SMS/MMS**.

**4** Appuyez sur le champ en bas puis saisissez votre message à l'aide du clavier virtuel.

**5** Appuyez sur le bouton en bas à gauche pour expédier votre SMS.

# Envoyer un SMS ou un MMS

Évolution du SMS, le MMS permet de joindre des éléments à votre message, que ce soit une photo, une vidéo ou encore votre localisation. La procédure est pratiquement la même que pour le SMS.

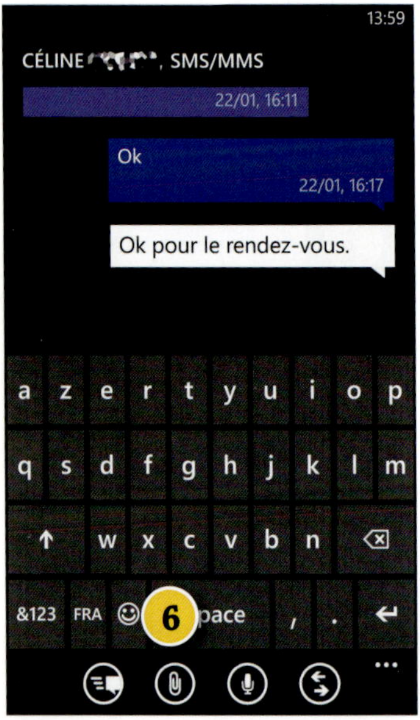


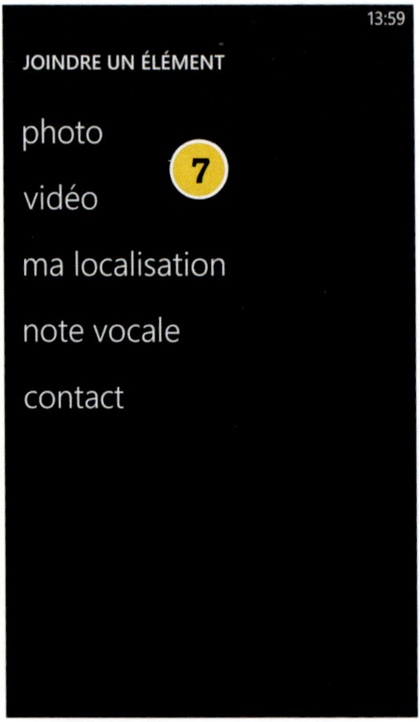


**6** Pour transformer vos SMS en MMS, vous devez ajouter une pièce jointe. Appuyez sur le bouton avec le trombone.

**7** Dans la liste qui s'affiche, appuyez sur l'élément que vous voulez joindre à votre message.

**UN PEU PLUS LONG** **Comme des données supplémentaires sont ajoutées au message, l'envoi et la réception d'un MMS sont plus longs, d'autant plus si la couverture réseau où vous vous situez n'est pas bonne.**

8 Si vous aviez saisi un message, il est placé sous la pièce jointe. Sinon appuyez à l'emplacement prévu pour le message et saisissez-le.

9 Appuyez sur le bouton en bas à gauche pour expédier votre MMS.

# Lire un message reçu

Parfois, pour être plus discret, il est préférable de dialoguer avec une personne par texte et non de vive voix. Utilisez les SMS et les MMS pour cela, c'est simple et rapide.

1 Lorsque vous recevez un message, SMS ou MMS, une barre de notification est affichée en haut de votre écran.

2 Cette barre contient le numéro ou le nom de l'expéditeur, ainsi que le début du message s'il s'agit d'un SMS.

3 Appuyez sur cette barre pour ouvrir le message.

**ENREGISTRER LA PIÈCE JOINTE D'UN MMS** Vous pouvez enregistrer les photos et vidéos des MMS. Appuyez dessus dans la fenêtre du message pour l'afficher en grand. Ensuite, appuyez sur le bouton avec trois points pour accéder à la fonction de sauvegarde.

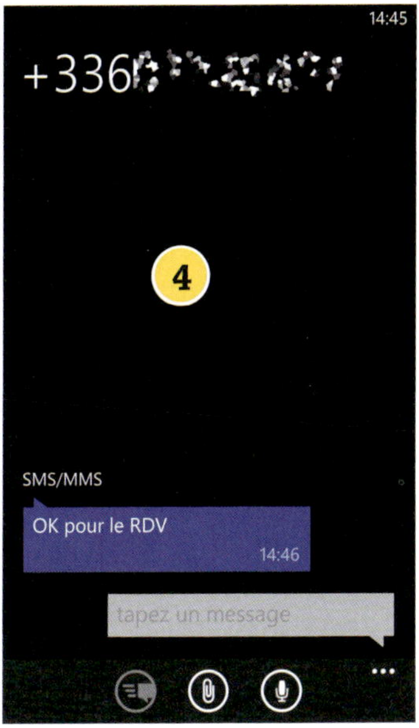

**4** Le message est affiché.

**5** S'il s'agit d'un MMS, son contenu peut s'afficher directement dans la fenêtre de message. Si ce n'est pas possible, un lien vous est proposé pour voir le contenu du MMS.

# Répondre à un message

Pour entretenir la conversation avec un correspondant, il faut répondre à ses SMS ou MMS.

**1** Sur l'écran d'accueil, appuyez sur l'icône **message**.

**2** Vous pouvez aussi y accéder en effectuant un balayage vers la gauche puis en appuyant, dans la liste des applications, sur **Messages**.

**3** Dans la liste des conversations, appuyez sur celle à laquelle vous voulez répondre.

**PAS TOUS LES MÊMES** Il est possible que votre correspondant n'ait pas un smartphone ou téléphone capable de recevoir les MMS. Renseignez-vous auprès de lui avant de lui envoyer un MMS.

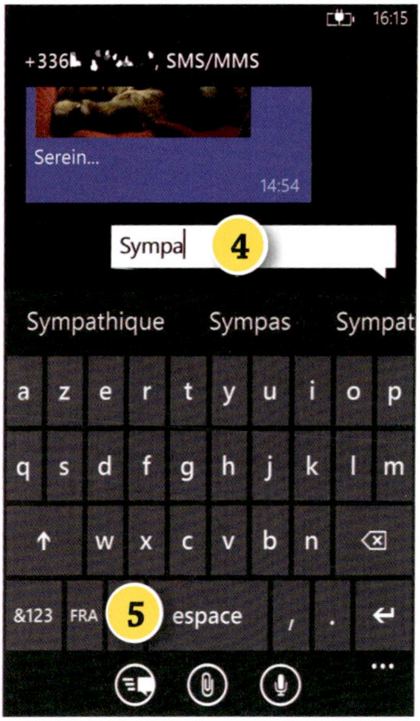


**4** Appuyez sur le champ de texte en bas de l'écran puis saisissez votre réponse.

**5** Appuyez sur ce bouton pour expédier votre message.

# Utiliser la voix pour écrire un message

Si vous n'êtes pas doué avec le clavier virtuel, vous pouvez aussi utiliser votre voix pour écrire un message. Windows Phone 8 est capable de reconnaître votre voix et donc de transcrire ce que vous dites en texte. Cette fonction nécessite une connexion Internet active.

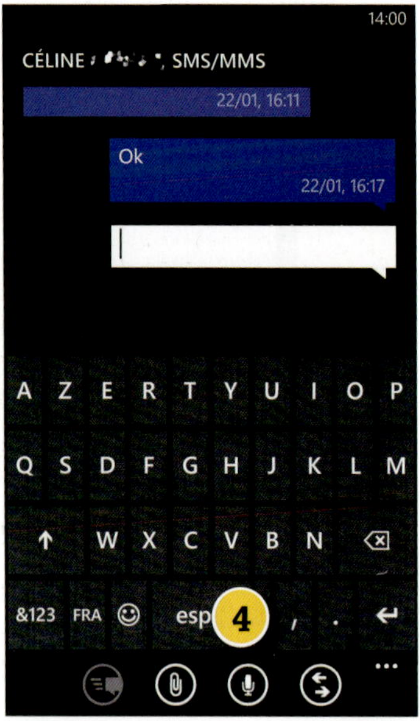


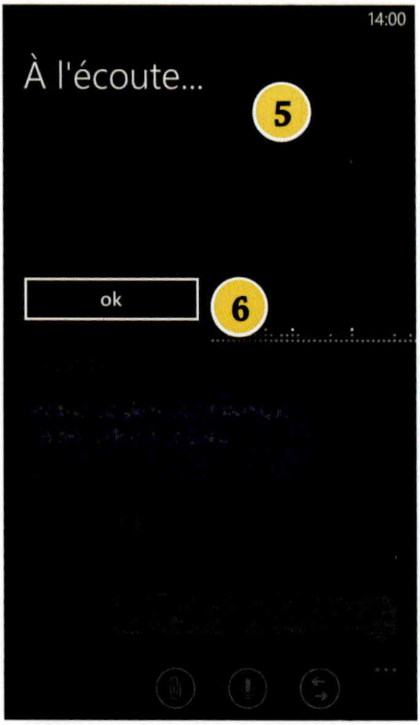


**1** Sur l'écran d'accueil de votre smartphone, appuyez sur la vignette **Contacts**.

**2** Accédez à la fiche du contact auquel vous voulez envoyer un SMS.

**3** Sur la fiche du contact, appuyez sur SMS/MMS.

**4** Appuyez sur le bouton avec le microphone.

**5** La reconnaissance vocale démarre immédiatement. Dictez à votre téléphone le texte de votre message.

**6** Après la dictée, soit vous appuyez sur le bouton OK, soit vous ne faites plus de bruit et la reconnaissance s'arrête d'elle-même.

**ATTENTION À L'ENVIRONNEMENT** **Lorsque vous utilisez la fonction de dictée vocale pour saisir des messages, essayez de vous placer dans un endroit calme ou utilisez un micro pour réduire les nuisances sonores.**

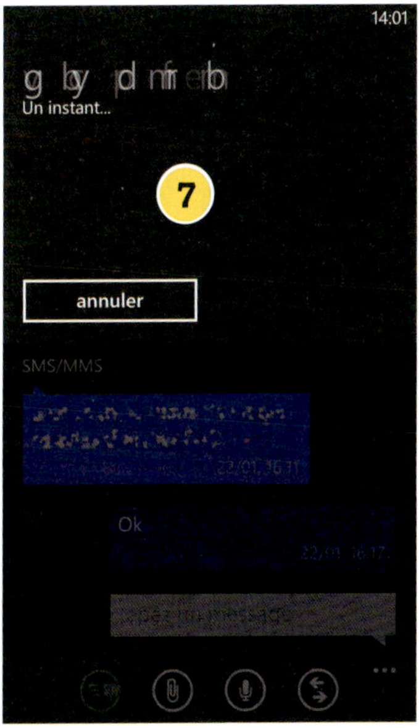

7 Votre dictée est analysée

8 Après analyse, le texte est retranscrit dans le champ du message. Vous pouvez le corriger et ajouter soit avec le clavier virtuel, soit en démarrant une nouvelle dictée.

# Couper le son

Pour ne pas être dérangé ou par souci de discrétion, il est parfois nécessaire de couper le son de son smartphone.

1 Que vous soyez sur l'écran de verrouillage ou sur l'écran d'accueil, appuyez une fois sur le bouton du volume bas ou haut.

2 La barre d'état est affichée en haut de l'écran.

3 Appuyez sur la cloche pour couper le son de votre smartphone.

**FAIRE LA CRÊPE** **Si vous avez oublié de mettre votre téléphone en mode vibreur ou si un appel arrive et que vous voulez couper la sonnerie, tournez votre smartphone écran vers le bas. Pour rendre active de nouveau la sonnerie, replacez l'écran vers le haut.**

4 La cloche est remplacée par le symbole du mode vibreur.

5 Effectuez la même manipulation pour réactiver le son de votre smartphone.

# Renvoyer les appels

Votre smartphone vous permet de renvoyer les appels reçus vers un autre numéro de téléphone, fixe ou portable. Cela est pratique si vous êtes dans une zone où le réseau n'est pas bon ou pour disposer d'un poste téléphonique plus confortable.

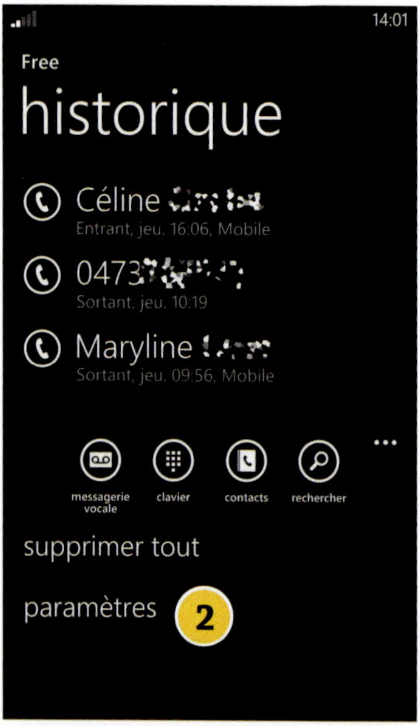

**1** Sur l'écran d'accueil, appuyez sur la vignette avec un téléphone comme icône et la mention de votre opérateur.

**2** Appuyez sur les trois points en bas à droite et, dans le menu qui s'affiche, appuyez sur **paramètres**.

**3** Appuyez sur le switch de la zone **Transfert d'appel** pour activer la fonction.

**NE PAS OUBLIER LE RENVOI D'APPEL Tant que vous ne désactivez pas le renvoi d'appel, votre téléphone ne sonnera plus. C'est souvent cet oubli qui fait rater des appels.**

**4** Saisissez le numéro de téléphone vers lequel vos appels doivent être renvoyés puis appuyez sur **enregistrer**.

**5** Les informations sont transmises à votre opérateur et une icône est affichée en haut de l'écran pour indiquer le renvoi d'appel.

**6** Pour désactiver le renvoi d'appel, appuyez de nouveau sur le switch de l'étape 3.

# CHAPITRE 8

# SE DÉPLACER, EXPLORER

# Activer le service de localisation

Votre smartphone est équipé d'une puce GPS qui, alliée à une connexion Internet, permet d'élargir grandement ses compétences et de vous faire découvrir différemment votre environnement. Vous devez, pour cela, activer les services de localisation.

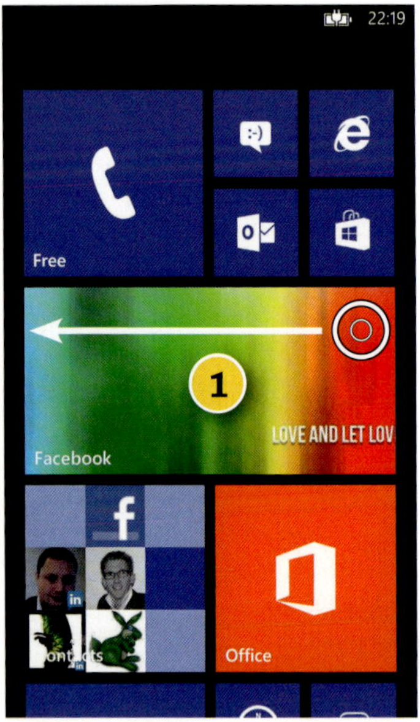


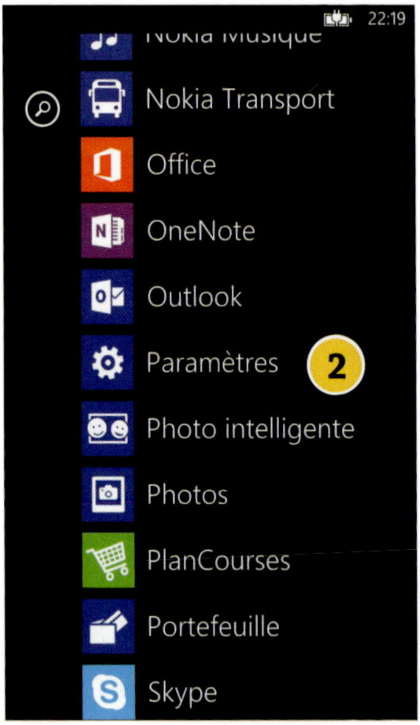


1 Sur l'écran d'accueil, effectuez un balayage vers la gauche.

2 Dans la liste des applications, appuyez sur **Paramètres**.

**USAGE DE LA BATTERIE** **L'utilisation combinée du GPS et de la connexion de données consomme beaucoup d'énergie. Si vous êtes en voiture, utilisez un kit d'alimentation allume-cigare sinon l'autonomie de votre smartphone ne sera pas longue.**

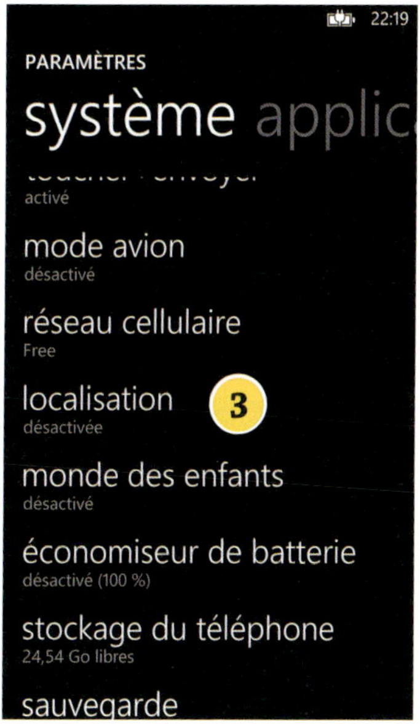

**3** Dans la liste des paramètres, effectuez un balayage vers le haut puis appuyez sur **localisation**.

**4** Si les services de localisation ne sont pas actifs, appuyez sur le switch.

# Démarrer Nokia Cartes

Nokia Cartes est le service de cartographie de Nokia et vous permet d'explorer le monde et de rechercher des adresses.

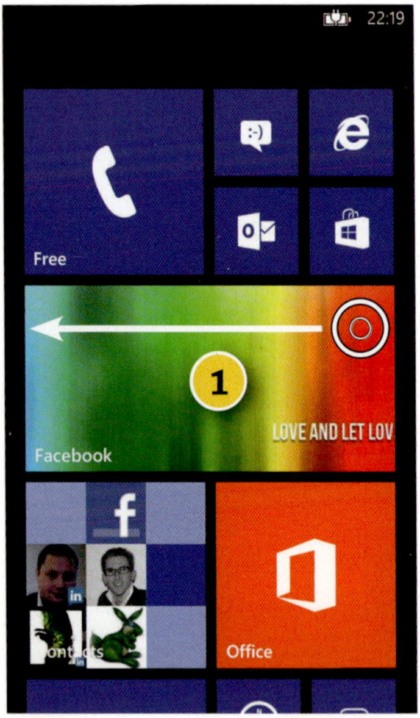


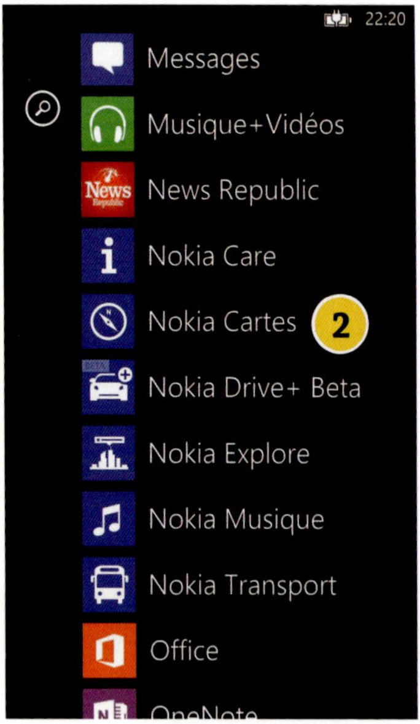


1 Sur l'écran d'accueil, effectuez un balayage vers la gauche.

2 Dans la liste des applications, appuyez sur **Nokia Cartes**.

**CODE DE LA ROUTE** **Lorsque vous utilisez un système de cartographie ou de navigation, il est primordial de respecter le Code de la route, quelles que soient les indications données par votre logiciel.**

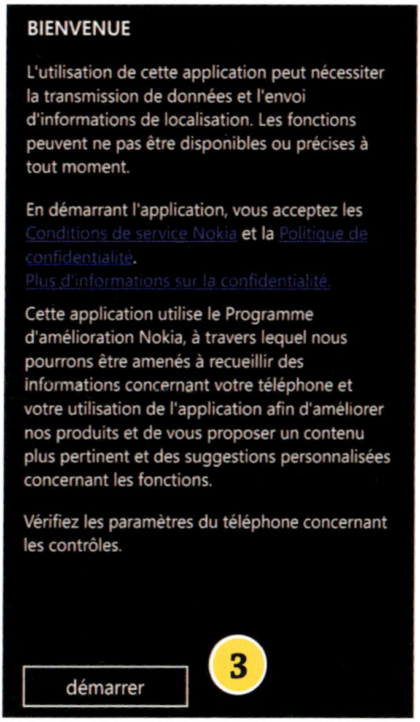

**3** Lisez les recommandations et les conditions d'utilisation de Nokia Cartes et appuyez sur **démarrer** pour continuer.

**4** Cet écran ne s'affiche qu'au premier lancement de l'application.

**5** L'écran principal de Nokia Cartes est affiché.

# Comprendre la carte

L'affichage des cartes de Nokia demeure simple et lisible. Quelques options sont disponibles en fonction du type d'affichage souhaité.

1 Démarrez Nokia Cartes en suivant la procédure de la fiche 60.

2 Automatiquement, Nokia Cartes tente de déterminer votre position soit par le GPS soit par le réseau téléphonique.

3 Une fois votre position déterminée, la carte est repositionnée pour se centrer dessus.

4 Le rond vert indique votre position.

5 Appuyez sur ce bouton pour choisir le type d'affichage.

**AFFICHAGE SATELLITE** **L'affichage satellite est très pratique pour repérer un lieu avant même de s'y rendre. Par contre, pour la navigation, il est moins pratique, car il y a beaucoup de détails. De plus, cet affichage demande plus de puissance à votre smartphone et consomme plus de données.**

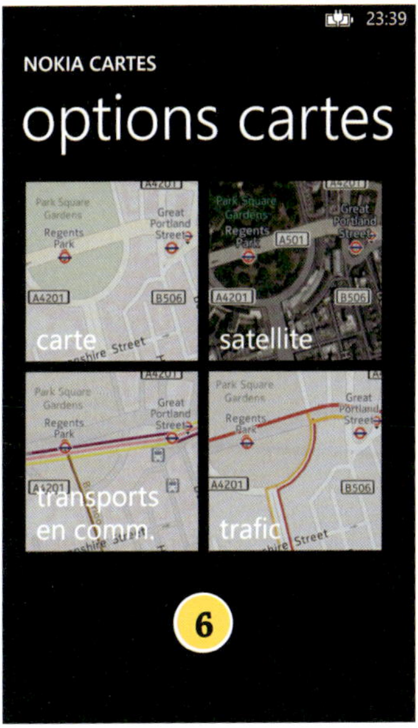


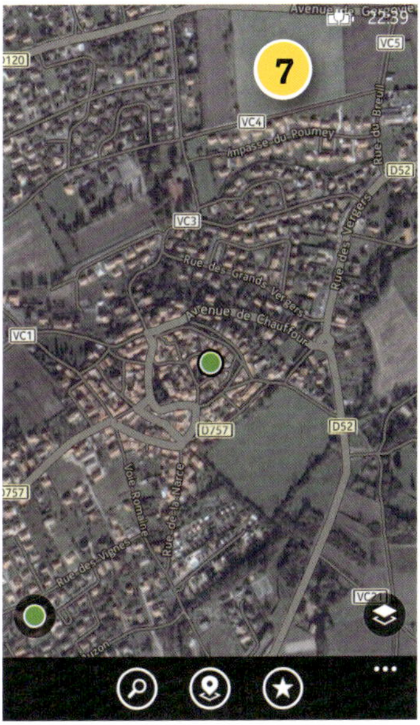


**6** Vous avez le choix entre l'affichage d'une carte simple, d'une carte satellite, d'une carte des transports en commun ou d'une carte affichant le trafic.

**7** La carte est modifiée selon votre choix.

# Naviguer sur la carte

Même si Nokia Cartes repère automatiquement votre position, vous pouvez déplacer la carte pour afficher un autre emplacement que le vôtre. Vous pouvez aussi effectuer des zooms pour affiner la carte ou prendre du recul.

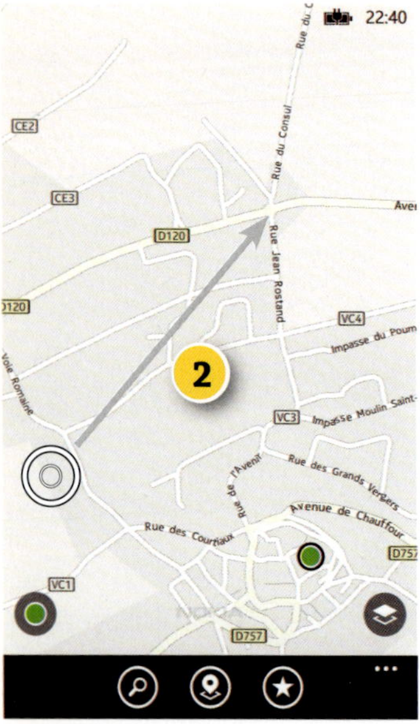


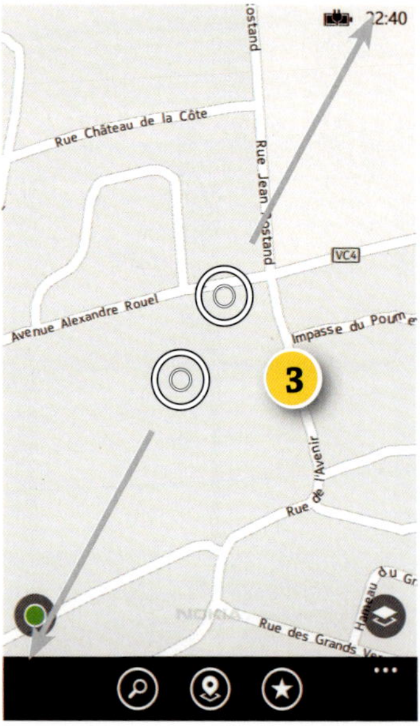


**1** Démarrez Nokia Cartes.

**2** Pour vous déplacer sur la carte, appuyez, maintenez la pression et déplacez votre doigt dans la direction de votre choix.

**3** Pour zoomer, appuyez avec deux doigts et écartez-les en diagonale.

**4** Vous pouvez aussi taper deux fois sur l'écran à l'endroit où vous voulez zoomer.

**PERTE DU SIGNAL** **Si le point vert en bas à gauche de l'écran devient gris, c'est que vous avez perdu le signal GPS. Cela arrive souvent dans les tunnels ou dans des rues étroites avec des bâtiments de grande hauteur.**

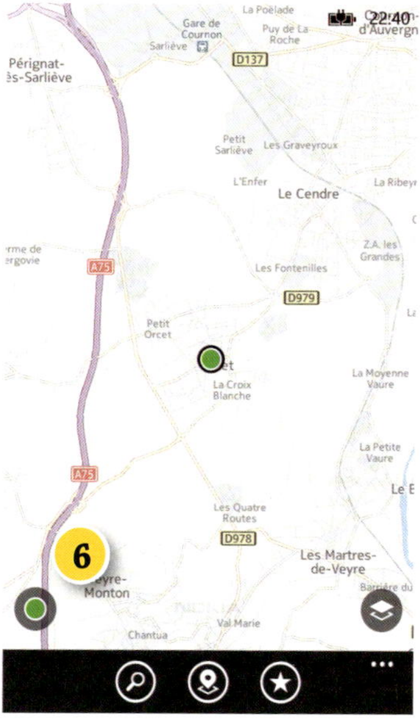


**5** Pour prendre du recul et afficher une zone plus grande, appuyez avec deux doigts et rapprochez-les en diagonale.

**6** Pour recentrer la carte rapidement sur votre position, appuyez sur le bouton vert en bas à gauche.

# Rechercher un lieu

L'une des principales utilisations de Nokia Cartes est la recherche de lieux. Vous pouvez naviguer directement sur la carte ou utiliser le moteur de recherche intégré.

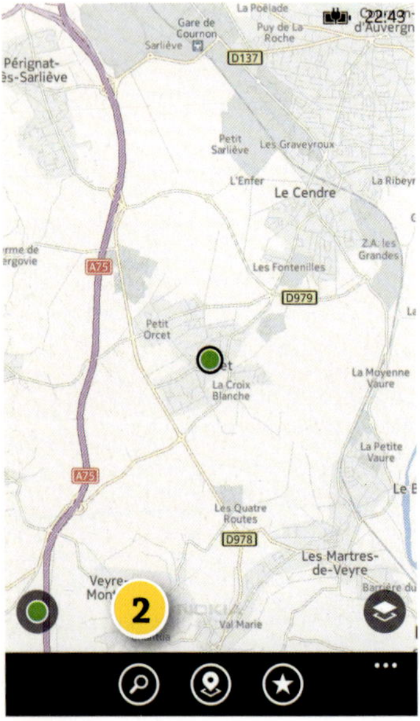


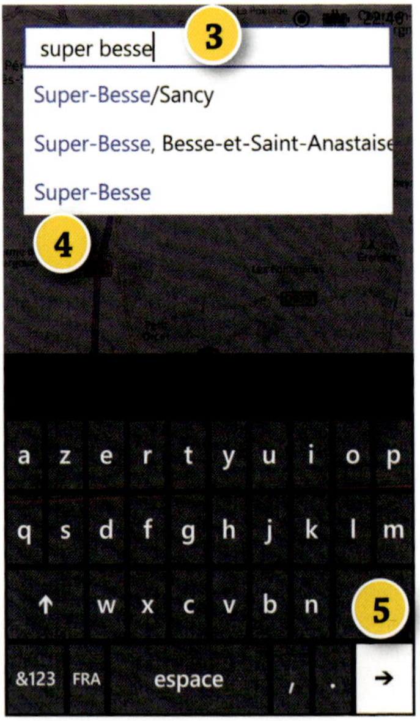


**1** Démarrez Nokia Cartes.

**2** Appuyez sur la loupe, en bas de l'écran.

**3** Saisissez, dans le champ de recherche, l'adresse ou le lieu de votre choix.

**4** Des propositions sont affichées sous le champ de recherche.

**5** Appuyez sur l'une des propositions ou appuyez sur la touche de validation pour rechercher ce que vous avez saisi.

**INTROUVABLE Même si la base de données de Nokia Cartes est importante, des lieux peuvent ne pas être répertoriés ou l'être mal. Dans ce cas, essayez de trouver un autre lieu proche de celui recherché à l'origine.**

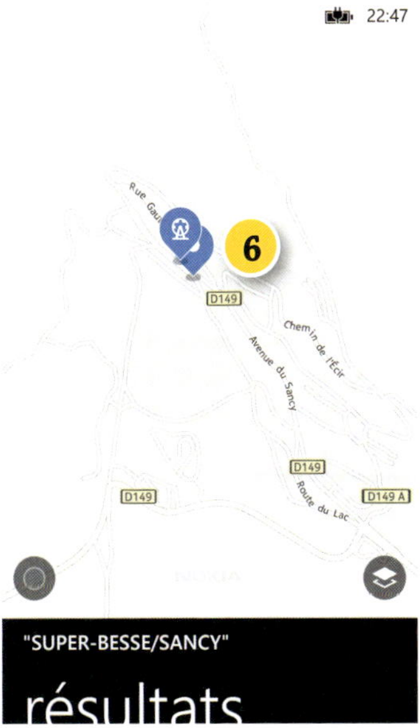


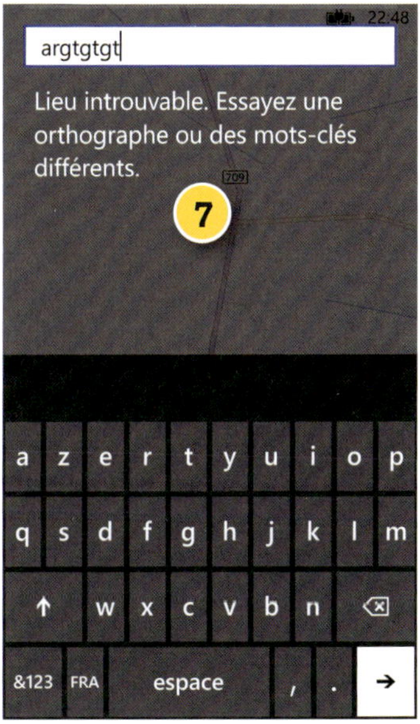


**6** Si l'adresse saisie est correcte, la carte se repositionne pour afficher le lieu au centre de l'écran.

**7** Si l'adresse n'est pas trouvée, un message vous en avertit.

# Découvrir les lieux proches

Au lieu de rechercher une adresse personnelle, vous pouvez chercher des lieux à visiter, pour manger, dormir, etc. Nokia Cartes dispose d'une fonction pour vous aider dans ce type de recherche.

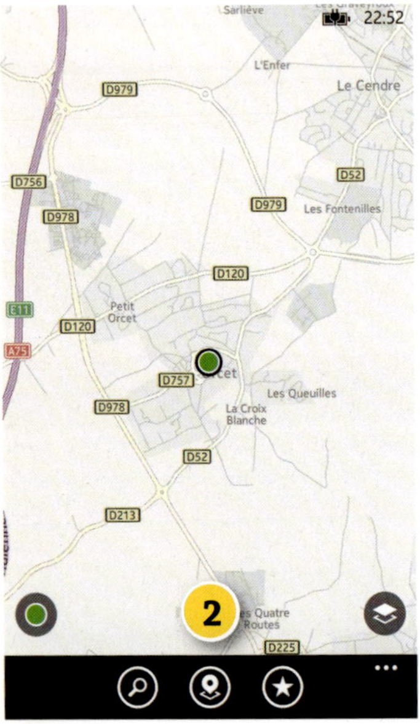

1 Démarrez Nokia Cartes et recherchez un lieu.

2 Après la recherche, appuyez sur le bouton du milieu, en bas de l'écran.

3 Des étiquettes bleues représentent les lieux recensés autour du lieu recherché.

4 Appuyez sur l'une d'elles pour afficher des informations.

**PAS TOUS LES COMMERCES La base de données de Nokia Cartes ne contient pas tous les commerces. La mise à jour du programme ou des cartes peut apporter de nouvelles informations.**

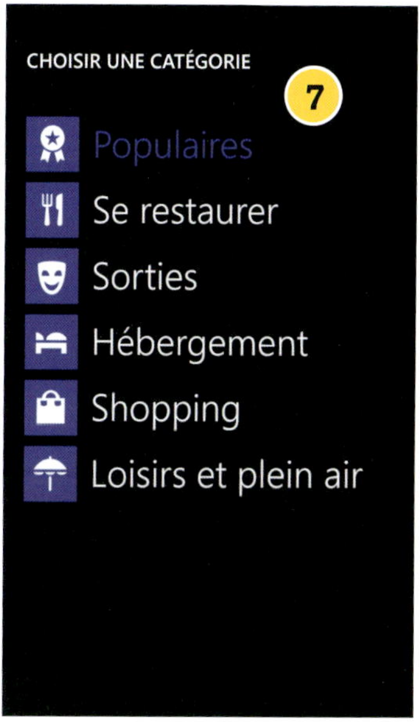


5 Pour afficher la liste des lieux à proximité, appuyez sur la partie basse de l'écran et effectuez un balayage vers le haut.

6 Pour sélectionner une catégorie précise de lieux, appuyez sur **afficher les catégories**.

7 Dans la liste des catégories, appuyez sur celle de votre choix pour n'afficher que les lieux de cette catégorie.

# Naviguer vers la destination

Nokia Cartes peut vous aider à vous rendre vers votre lieu de destination. Ce n'est pas un guidage tournant par tournant, mais un guidage global sur une carte fixe.

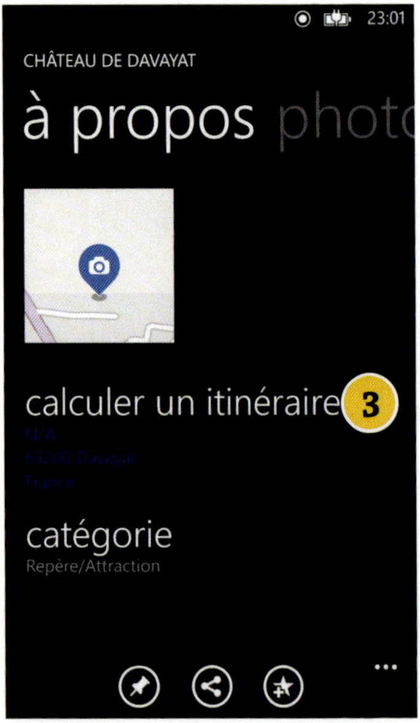


1 Démarrez Nokia Cartes et recherchez un lieu.

2 Après la recherche, appuyez sur le panneau correspondant au lieu.

3 Dans le nouvel écran, appuyez sur **calculer un itinéraire**.

**PLUS DE DÉTAILS** **Si vous utilisez Nokia Cartes pour vous aider à la navigation, vous pouvez zoomer pour affiner les détails de la carte. Gardez en mémoire que la carte ne se déplace pas en même temps que vous.**

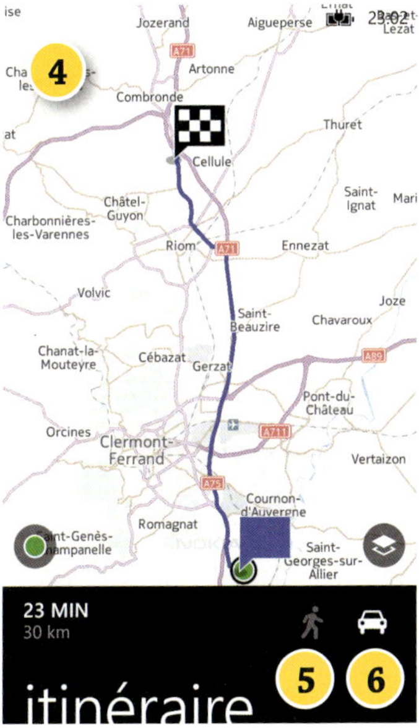

**4** L'itinéraire est calculé et la carte correspondante affichée.

**5** Vous pouvez choisir un itinéraire piéton en appuyant sur ce personnage.

**6** Revenez à un itinéraire pour véhicule en appuyant sur la voiture.

**7** Pour afficher la liste des étapes, appuyez sur la partie basse de l'écran et effectuez un balayage vers le haut.

**8** En vous déplaçant, le point vert qui représente votre position sera mis à jour en temps réel.

# Enregistrer un lieu

Inutile de saisir ou de rechercher à chaque fois l'adresse d'un lieu vers lequel vous vous rendez souvent. Autant l'enregistrer en tant que favori pour y accéder plus rapidement.

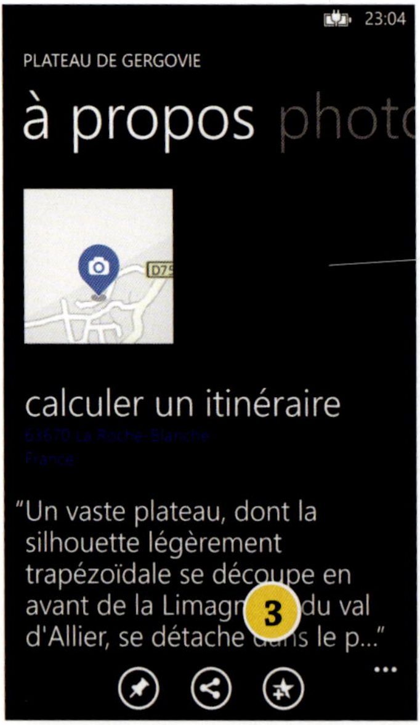


1 Démarrez Nokia Cartes et recherchez un lieu.

2 Après la recherche, appuyez sur le panneau correspondant au lieu.

3 Dans le nouvel écran, appuyez sur le bouton en bas à droite, celui avec une étoile et le signe +.

**DES NOMS EXPLICITES** Pensez à donner des noms clairs à vos favoris. Cela vous permettra de les identifier plus rapidement. De même, comme les favoris sont organisés par ordre alphabétique, nommez vos favoris les plus importants avec des noms commençant par la lettre A ou le chiffre 1.

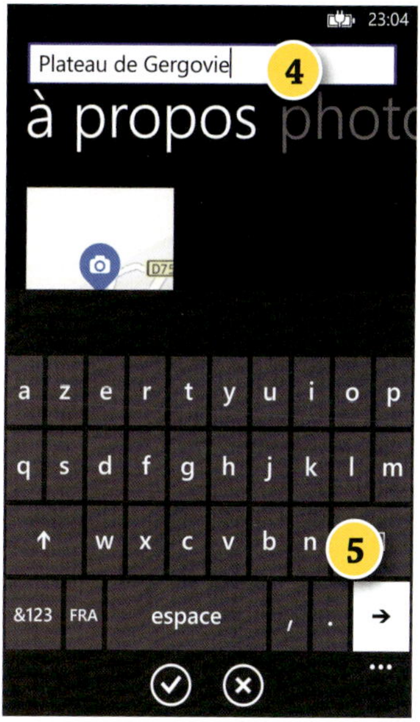


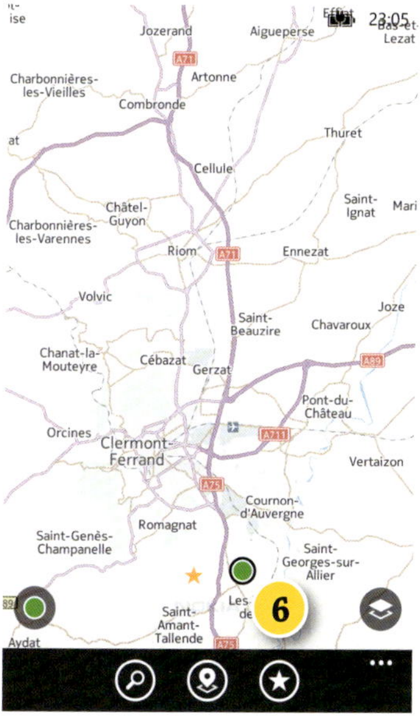


**4** Saisissez le nom pour ce lieu favori.

**5** Validez en appuyant sur cette touche.

**6** Les lieux favoris sont accessibles sur l'écran d'accueil de Nokia Cartes en appuyant sur le bouton étoilé.

# Télécharger des cartes

Le téléchargement de cartes permet d'utiliser Nokia Cartes sans connexion Internet, car les données sont enregistrées sur votre smartphone. Cela est pratique lors de déplacement à l'étranger.

1 Démarrez Nokia Cartes.

2 Sur l'écran d'accueil, appuyez sur les trois boutons en bas à droite puis, dans le menu qui s'affiche, appuyez sur **télécharger des cartes**.

3 Dans l'écran suivant, appuyez sur **télécharger de nouvelles cartes**.

4 Appuyez sur le bouton + en bas de l'écran pour ajouter de nouvelles cartes.

5 Sélectionnez le continent puis le pays de votre choix. Le poids du fichier à télécharger est indiqué sous le nom du pays.

**MISES À JOUR Sur l'écran d'accès au téléchargement, vous pouvez cliquer sur "mettre à jour les cartes actuelles" pour mettre à jour les cartes que vous avez téléchargées. Pensez-y avant vos déplacements.**

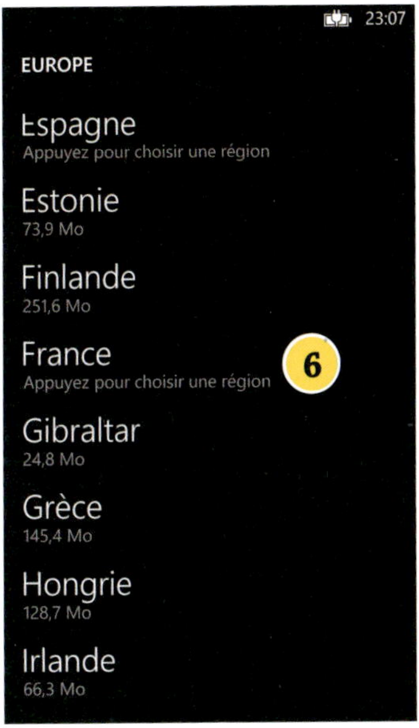


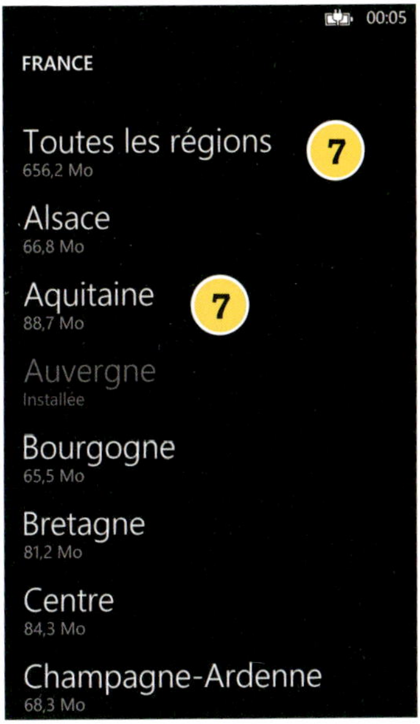


6 Pour certains pays, il est possible de télécharger une ou plusieurs régions. Appuyez sur le nom du pays pour choisir la ou les régions.

7 Appuyez sur **Toutes les régions** pour tout télécharger ou appuyez sur le nom de la région de votre choix.

8 Appuyez sur **télécharger** pour démarrer le téléchargement.

# Démarrer Nokia Explore

Nokia Explore est un autre moyen de découvrir ce qui vous entoure et de rechercher des lieux. Cette fonction utilise pleinement les capacités de localisation de votre smartphone.

1 Sur l'écran d'accueil, effectuez un balayage vers la gauche.

2 Dans la liste des applications, appuyez sur **Nokia Explore**.

3 Appuyez, dans la liste, sur la catégorie d'informations que vous voulez afficher à l'écran.

4 Si votre smartphone est à plat, la carte de votre environnement est affichée avec des vignettes représentant les lieux de la catégorie choisie.

**MÊME BASE DE DONNÉES** **La base de données utilisée par Nokia Explore est la même que celle utilisée par Nokia Cartes. Vous y trouverez donc les mêmes informations présentées différemment et de manière plus visuelle.**

**5** Basculez votre smartphone et tenez-le comme pour prendre une photo. L'appareil photo est mis en service. Par-dessus la vidéo sont affichées les vignettes des lieux avec en plus le nom et la distance.

**6** En déplaçant votre téléphone, toujours en le tenant comme pour prendre une photo, la position des vignettes est mise à jour en temps réel. De plus, un radar, en haut à droite, affiche sous forme de points les différents lieux.

# Rechercher des lieux

Avec Nokia Explore, vous pouvez obtenir plus d'informations sur un lieu recherché. Vous pouvez même calculer un itinéraire ou partager les informations sur ce lieu.

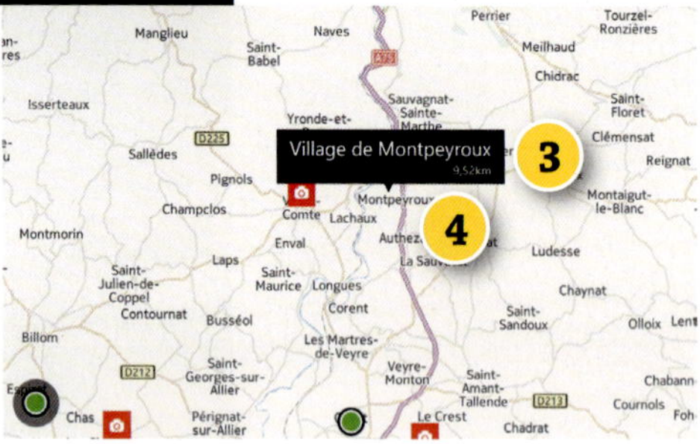


1 Démarrez Nokia Explore.

2 Sélectionnez la catégorie d'informations à afficher.

3 Si votre smartphone est à plat, appuyez sur une vignette pour afficher des informations sur ce lieu.

4 Le nom du lieu et la distance vous séparant de ce lieu sont affichés.

**N'IMPORTE OÙ** **Vous pouvez utiliser Nokia Explore n'importe où, même dans une maison. Les informations seront tout de même affichées. Mais c'est en extérieur que l'expérience de Nokia Explore est la plus sympathique.**

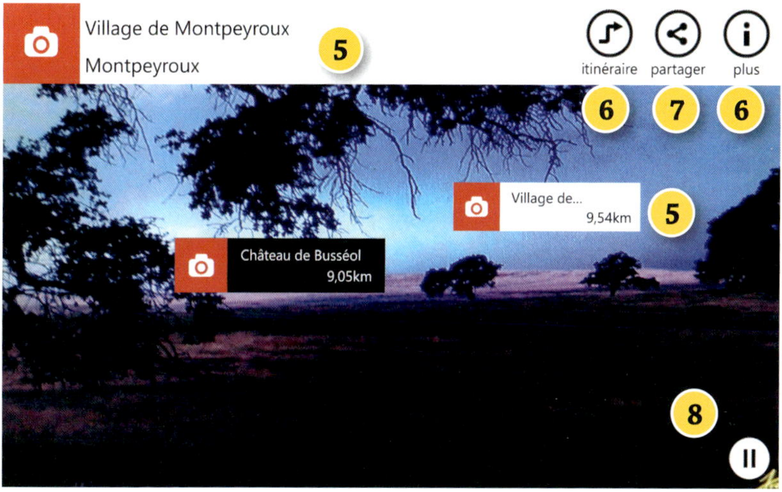


**5** Si vous tenez votre smartphone comme pour prendre une photo, appuyez sur une vignette pour obtenir plus d'informations et des options d'actions.

**6** Avec **itinéraire** et **plus**, vous basculerez sur Nokia Cartes.

**7** Avec **partager**, vous pouvez partager les informations sur ce lieu par e-mail ou sur les réseaux sociaux.

**8** Le bouton pause, en bas à droite, permet de figer l'écran. Cela est pratique pour noter les informations, par exemple. Appuyez de nouveau sur le bouton pour réactiver Nokia Explore.

# Démarrer Nokia Drive+

Nokia Drive+ est l'assistant de conduite de Nokia. Sa fonction va plus loin que Nokia Cartes, car il vous guide étape par étape et affiche des informations sur votre conduite.

1 Sur l'écran d'accueil, effectuez un balayage vers la gauche.

2 Dans la liste des applications, appuyez sur **Nokia Drive+ Beta**.

3 Une carte en 3D est affichée et votre position est représentée par le triangle vert.

4 Appuyez sur ce bouton pour accéder aux différentes actions.

5 Vous pouvez basculer entre l'affichage 2D et 3D avec ces boutons.

6 **Définir destination** vous permet de chercher un lieu et le définir comme destination.

7 **Enregistrer position** permet de sauvegarder le lieu comme favori.

8 **Paramètres** permet de configurer Nokia Drive+.

**VERSION BÊTA Au moment de la rédaction de cet ouvrage, Nokia Drive+ est en version bêta, c'est-à-dire que c'est encore une version de développement pouvant comporter des erreurs. Néanmoins, Nokia a décidé de la mettre gratuitement à disposition des utilisateurs de smartphones Lumia.**

**9** Appuyez sur **Définir destination**.

**10** Appuyez sur **Rechercher** pour chercher une adresse non répertoriée en tant que favori.

**11** Saisissez l'adresse puis, dans les résultats, appuyez sur celui de votre choix.

**12** La carte affiche la destination. Appuyez sur **En voiture** puis **Démarrer** pour commencer le guidage.

**13** La carte du début est de nouveau affichée avec l'itinéraire en bleu. En vous déplaçant, votre position sur la carte est mise à jour en temps réel.

# CHAPITRE 9

# TRAVAILLER OÙ QUE VOUS SOYEZ

# Accéder à SkyDrive

Même si votre smartphone dispose d'une bonne capacité de stockage, vous ne pouvez pas tout stocker dessus. Votre compte Microsoft vous donne accès à SkyDrive, un espace de stockage dans le Nuage qui peut se synchroniser avec vos ordinateurs de bureau.

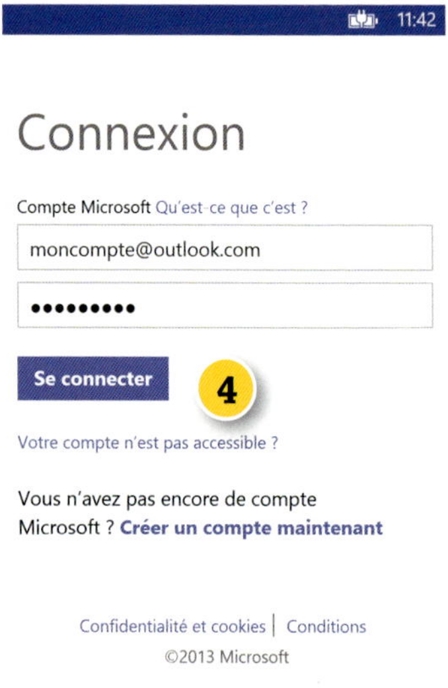


**1** Téléchargez gratuitement l'application sur le Windows Store.

**2** Sur l'écran d'accueil, effectuez un balayage vers la gauche puis, dans la liste d'applications, appuyez sur **SkyDrive**.

**3** Sur le premier écran, appuyez sur **Connexion**.

**4** Saisissez les identifiants de votre compte Microsoft puis appuyez sur **Se connecter**.

**SKYDRIVE SUR VOTRE ORDINATEUR OU MOBILE** **Un client SkyDrive est disponible sur beaucoup de systèmes. Ainsi, vous pouvez synchroniser vos documents avec vos ordinateurs sous Windows Vista, 7 ou 8, Apple OS X Lion et Mountain Lion, mais aussi des appareils mobiles sous Google Android, Apple iPhone ou iPad.**

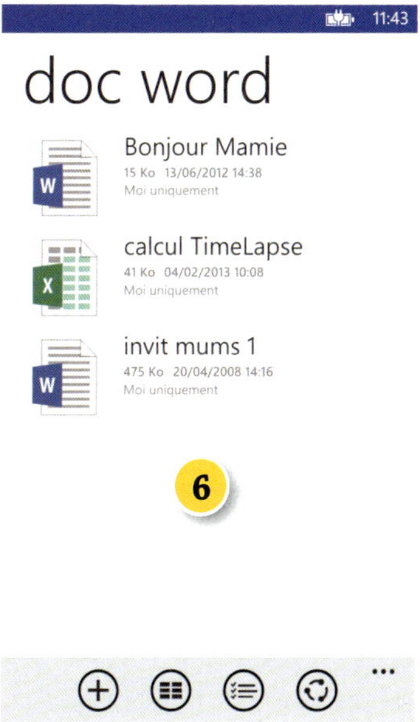


**5** Les dossiers de votre espace SkyDrive sont affichés.

**6** Le fonctionnement des dossiers est le même que sur un ordinateur. Appuyez sur un dossier pour afficher son contenu. Appuyez sur la touche **retour** pour revenir en arrière.

# Lire des documents Office

Votre smartphone dispose en standard d'une version de Microsoft Office Mobile vous permettant d'afficher le contenu des principaux documents de la suite bureautique que sont les fichiers Word, Excel et PowerPoint.

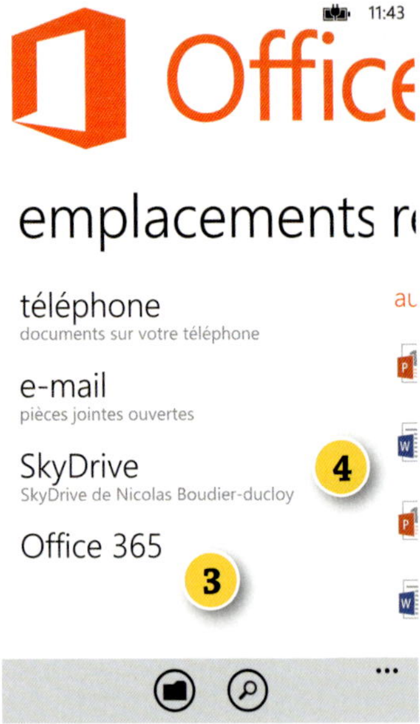


**1** Sur l'écran d'accueil de votre smartphone, appuyez sur la vignette **Office**.

**2** Vous pouvez aussi y accéder en effectuant un balayage vers la gauche puis en appuyant, dans la liste des applications, sur **Office**.

**3** L'écran d'accueil d'Office Mobile vous permet de choisir l'emplacement du fichier à ouvrir. Cela peut être sur votre téléphone, la pièce jointe d'un e-mail, sur votre compte SkyDrive ou sur votre compte Office 365.

**4** Appuyez sur l'emplacement de votre choix et parcourez les dossiers à la recherche du fichier à ouvrir.

**TÉLÉCHARGER POUR ÊTRE AFFICHÉ** **Pour afficher les documents, Office Mobile les télécharge sur votre téléphone. Même s'ils ne sont pas lourds, pensez à supprimer de votre téléphone ceux qui ne vous sont pas utiles. Vous économiserez de l'espace de stockage. La procédure de suppression est abordée plus loin dans ce chapitre.**

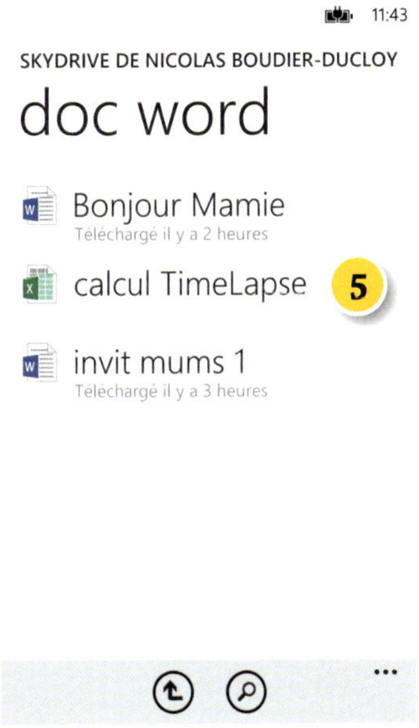


**5** Appuyez sur le fichier à ouvrir.

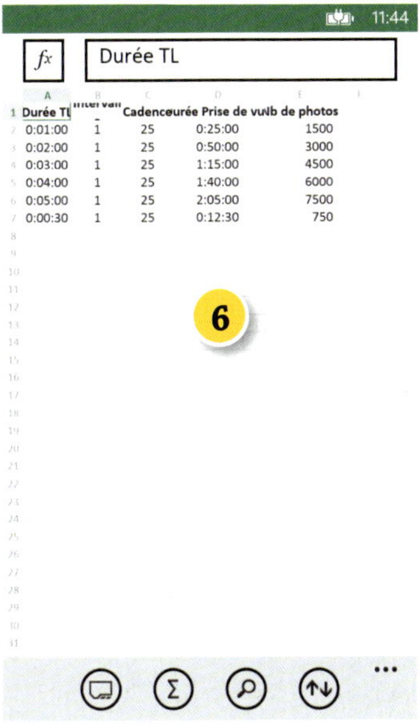


**6** Le fichier est affiché.

# Créer un document Office

Avec Office Mobile, vous pouvez directement créer des fichiers Word ou Excel avec votre smartphone. Certes, toutes les fonctions ne sont pas disponibles, mais l'essentiel est là.

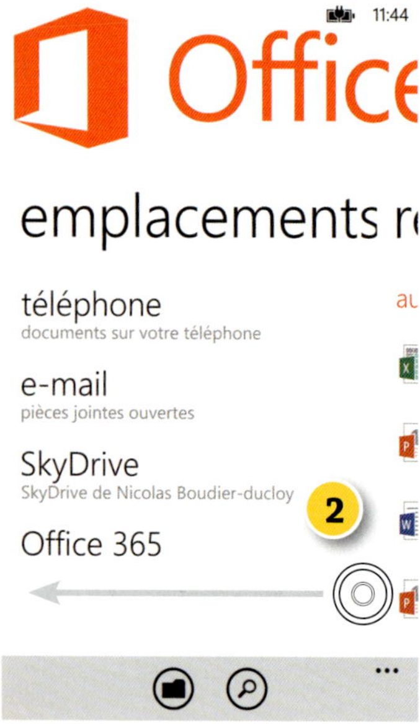

**1** Démarrez Office Mobile.

**2** Sur l'écran d'accueil d'Office Mobile, effectuez un balayage droite ou gauche pour accéder au second écran.

**3** Sur le second écran sont affichés les fichiers récemment ouverts avec Office Mobile.

**4** Pour créer un nouveau fichier, appuyez sur le bouton ⊕ en bas de l'écran.

**PAS DE POWERPOINT** **Il n'est pas possible de créer de nouveau diaporama PowerPoint à partir d'Office Mobile. Seuls de nouveaux documents Word et Excel peuvent être créés. De plus, les modifications sur les fichiers PowerPoint sont très limitées.**

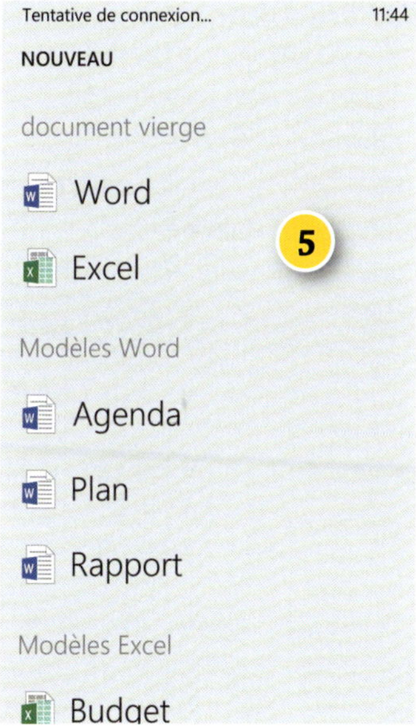

**5** Dans la liste qui s'affiche, choisissez de créer un fichier Word ou Excel vierge ou appuyez sur un modèle existant.

**6** Le nouveau document est créé.

**7** La barre d'outils est affichée en bas de l'écran.

# Modifier un document Office

Après avoir affiché ou créé un nouveau document Office, vous pouvez le modifier pour le continuer ou le corriger. Toutes les fonctions d'Office ne sont pas disponibles. Ce sont principalement les fonctions de mise en forme pour Word et des formules ou graphiques simples pour Excel.

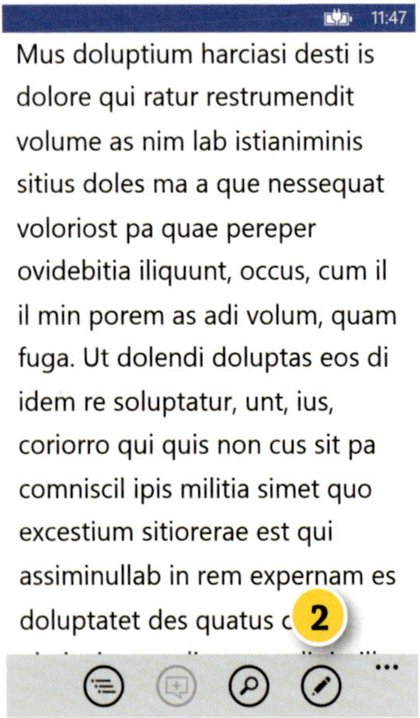

**1** Démarrez Office Mobile et affichez le fichier à modifier.

**2** Pour un document Word, vous devez appuyer sur ce bouton pour activer la modification.

**3** Saisissez le texte à l'aide du clavier virtuel.

**4** Pour sélectionner un mot, appuyez dessus.

**5** Des taquets apparaissent de chaque côté du mot sélectionné. Ils vous permettent de modifier la sélection.

**SYNCHRONISATION AUTOMATIQUE** **Si vous modifiez un document à partir de SkyDrive, les modifications seront automatiquement prises en compte sur le serveur. Ainsi, si vous utilisez SkyDrive sur un ordinateur ou un autre périphérique mobile, les modifications sont automatiquement répercutées.**

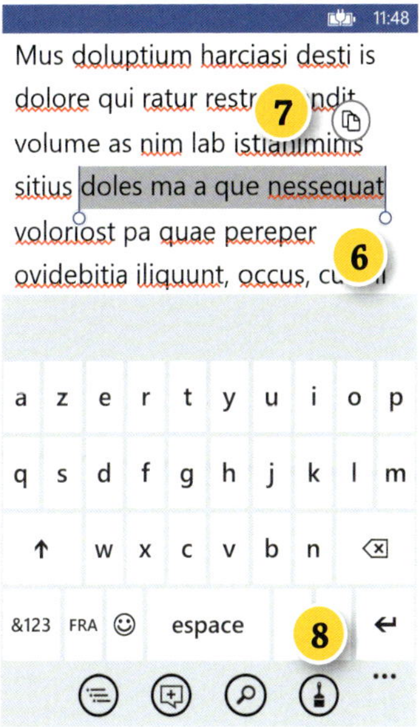


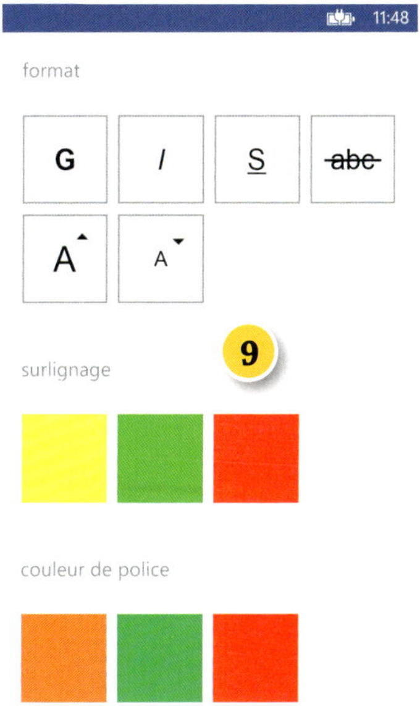


**6** Appuyez sur l'un d'eux et déplacez-le pour agrandir la sélection.

**7** Une fois la sélection effectuée, vous pouvez la copier en appuyant sur l'icône juste au-dessus.

**8** Pour mettre en forme le texte sélectionné, appuyez sur le bouton en bas à droite.

**9** Vous pouvez appliquer différentes mises en forme comme le gras, l'italique, la couleur de la police, etc.

**10** Vous devez effectuer la même procédure pour chaque mise en forme.

# Modifier un document Office

Le fonctionnement des versions mobiles de Word et d'Excel demeure le même que pour les versions classiques. La saisie du texte, sa mise en forme, le choix des cellules, etc. Vous ne serez pas dépaysé.

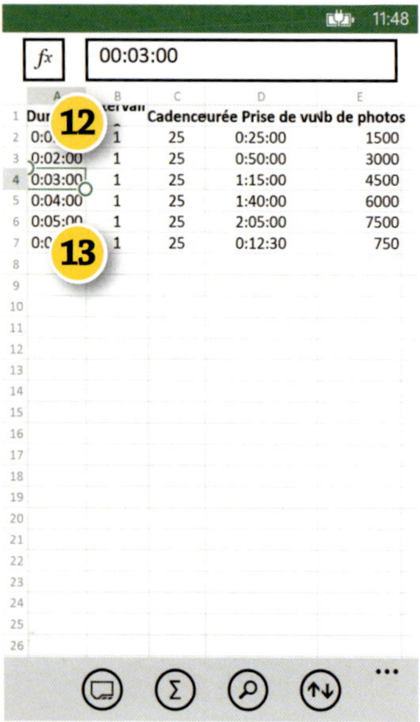


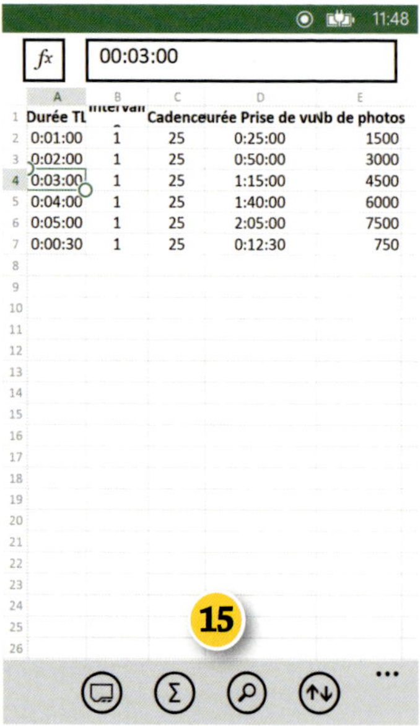


**11** Pour un document Excel, la modification est directement active.

**12** Appuyez sur une cellule pour la sélectionner.

**13** Des taquets de sélection sont affichés.

**14** Déplacez-les pour sélectionner plusieurs cellules.

**15** Plusieurs actions sont réalisables avec les boutons situés en bas de l'écran. De gauche à droite : choisir la feuille du classeur, appliquer la fonction Somme, rechercher et trier.

**FONCTIONS NON DISPONIBLES** Si une ou plusieurs fonctions utilisées par vos fichiers ne sont pas disponibles dans Office Mobile, il est possible que cette partie du fichier ne soit pas modifiable, voire non affichée, ou que le fichier ne soit pas ouvert.

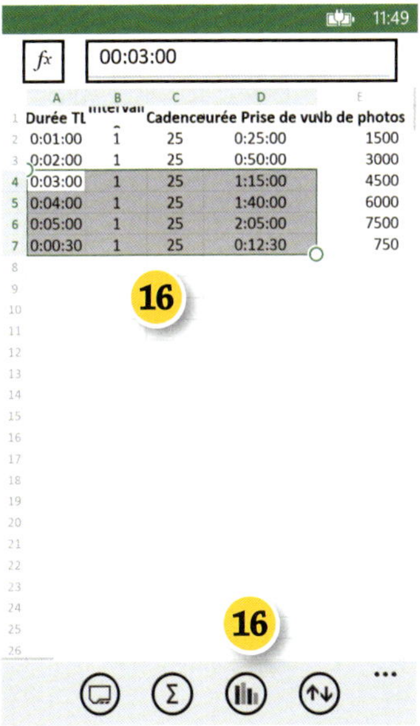

**16** Vous pouvez même créer un graphique en sélectionnant plusieurs cellules puis en appuyant sur ce bouton.

**17** Vous pouvez choisir entre plusieurs formes de graphiques. Appuyez sur celui de votre choix. Le graphique sera créé et placé sur une nouvelle feuille du classeur Excel.

# Supprimer un document

De temps en temps il est nécessaire de faire le ménage tant sur votre smartphone que sur votre compte SkyDrive. En effet, même si l'espace de stockage est généreux, il n'est pas sans limites. La procédure diffère légèrement entre la suppression du téléphone et la suppression de SkyDrive.

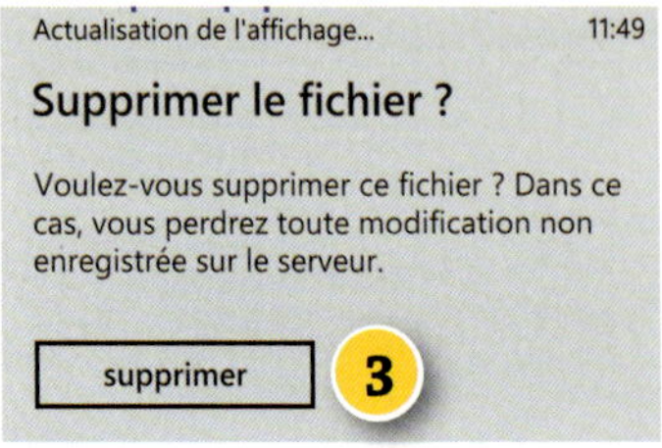


**1** Démarrez Office Mobile et accédez au dossier contenant le fichier à supprimer.

**2** Effectuez un appui long et, dans le menu qui s'affiche, appuyez sur **supprimer du téléphone**.

**3** Un message vous informe que les informations non sauvegardées sur le serveur (SkyDrive) seront perdues. Validez la suppression en appuyant sur **supprimer**.

**SUPPRESSION SUR ORDINATEUR** Si vous utilisez SkyDrive sur ordinateur, le ou les éléments supprimés *via* votre smartphone seront placés dans la corbeille de votre système. Vous pouvez toujours les récupérer en cas d'erreur ou définitivement les supprimer en vidant la corbeille.

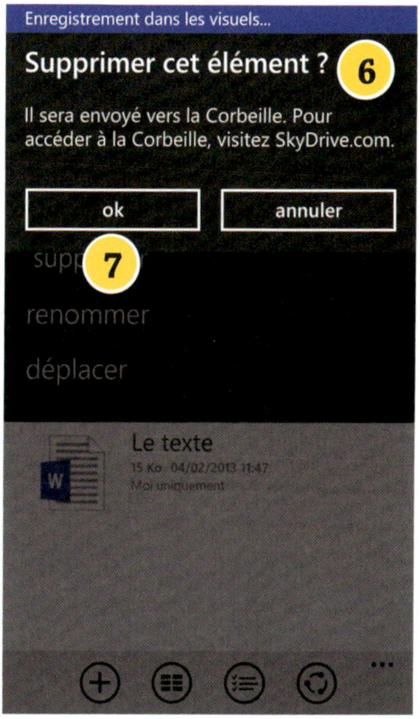


**4** Démarrez SkyDrive et accédez au dossier contenant le fichier à supprimer.

**5** Effectuez un appui long et, dans le menu qui s'affiche, appuyez sur **supprimer**.

**6** Un message vous informe que le fichier sera placé dans la corbeille de SkyDrive, ce qui permet de le récupérer en cas d'erreur.

**7** Validez la suppression en appuyant sur **ok**.

# Rédiger une note

Microsoft Office dispose d'un outil dédié à la prise de note : OneNote. C'est le bloc-notes de votre smartphone et il dispose d'options pour ajouter d'autres éléments que du simple texte.

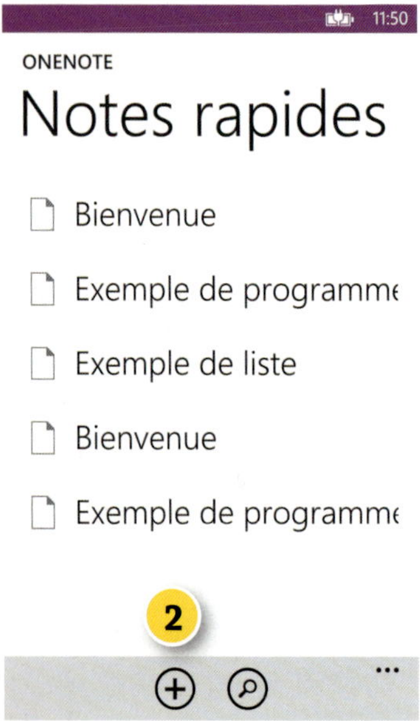


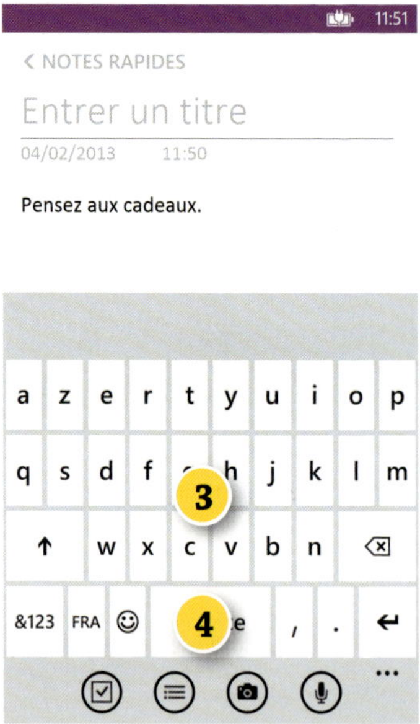


**1** Sur l'écran d'accueil, effectuez un balayage vers la gauche puis, dans la liste d'applications, appuyez sur **OneNote**.

**2** Pour créer une note, appuyez sur le bouton ⊕ en bas de l'écran.

**3** Votre note peut être du texte libre que vous saisissez à l'aide du clavier virtuel.

**4** À l'aide des boutons situés en bas de l'écran, vous pouvez ajouter différents éléments à votre note. Vous pouvez, de gauche à droite, ajouter des tâches, créer une liste, ajouter une photo ou un commentaire audio.

**SYNCHRONISATION AVEC SKYDRIVE** **Les notes créées avec OneNote Mobile sont automatiquement synchronisées avec votre compte SkyDrive, si une connexion Internet est active. Vous pouvez y accéder sur le site Internet skydrive.live.com. Sur votre ordinateur, un raccourci vers ce site est placé dans le dossier Documents de votre dossier SkyDrive.**

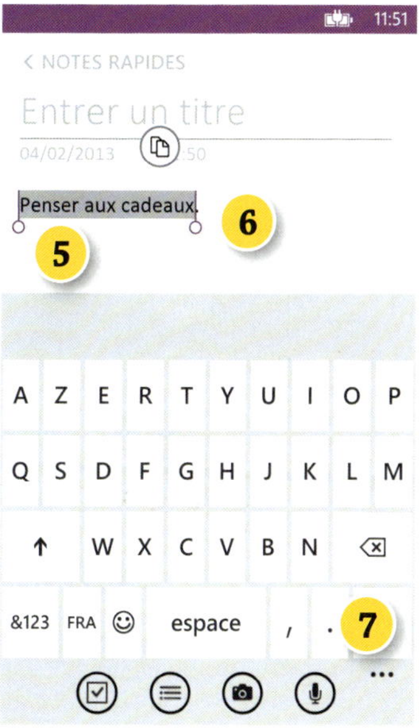


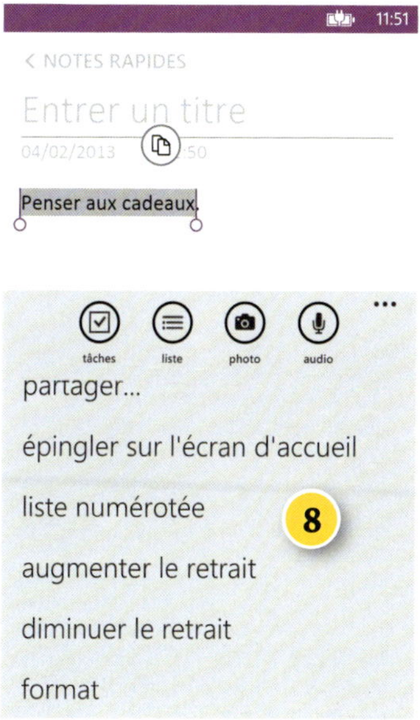


**5** Vous pouvez appliquer d'autres mises en forme. Sélectionnez un mot en appuyant dessus.

**6** Des taquets apparaissent de chaque côté du mot sélectionné. Ils vous permettent de modifier la sélection.

**7** Après sélection, appuyez sur les trois points en bas à droite de l'écran.

**8** Dans le menu qui s'affiche, vous pouvez transformer le texte sélectionné en liste numérotée, ajouter ou supprimer un retrait ou appliquer une mise en forme au texte.

**9** Après la création de votre note, appuyez sur le bouton retour pour revenir à l'accueil de OneNote. La sauvegarde est automatique.

# Utiliser le calendrier

Qui dit travail, dit souvent rendez-vous. Votre smartphone dispose de l'application Calendrier pour organiser vos différents rendez-vous tant professionnels que personnels.

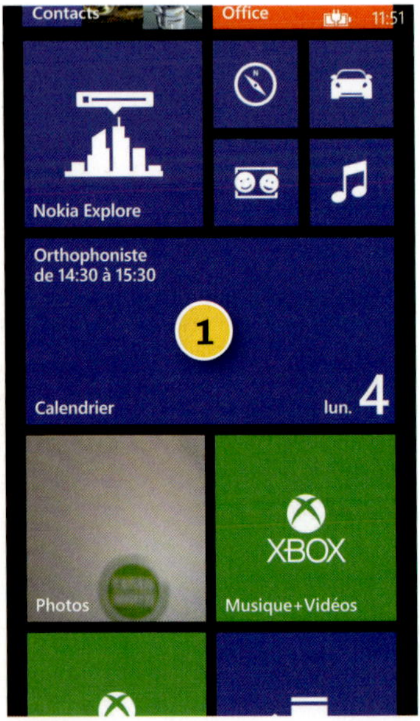


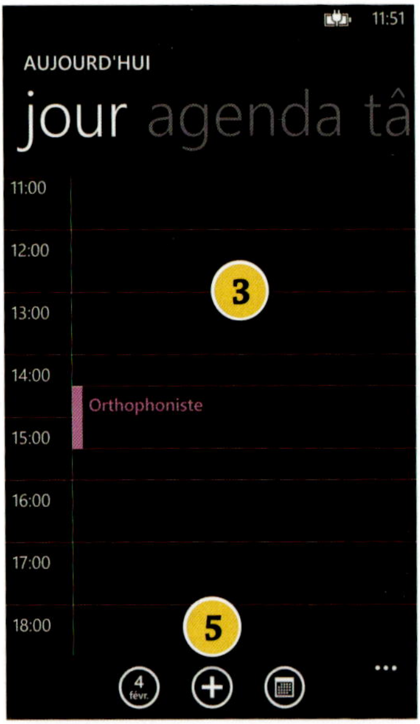


**1** Sur l'écran d'accueil de votre smartphone, appuyez sur la vignette **Calendrier**.

**2** Vous pouvez aussi y accéder en effectuant un balayage vers la gauche puis en appuyant, dans la liste des applications, sur **Calendrier**.

**3** Le premier écran affiche le jour en cours.

**4** En effectuant des balayages vers le haut ou vers le bas, vous pouvez naviguer dans le temps.

**5** Les boutons du bas permettent, de gauche à droite, d'afficher le jour actuel, d'ajouter un rendez-vous et de basculer en mode mensuel.

**MULTIPLES SYNCHRONISATIONS** L'application Calendrier est capable de synchroniser plusieurs calendriers simultanément. Ainsi, vous pouvez gérer un calendrier Outlook.com et un autre calendrier Google. Ils sont affichés avec des couleurs différentes pour les repérer. Lors de la création d'un rendez-vous, vous pouvez choisir quel calendrier utiliser.

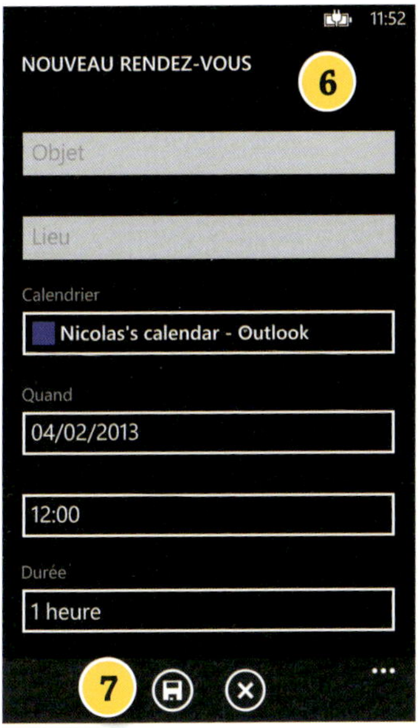

**6** En appuyant sur le bouton d'ajout de rendez-vous, l'écran de création de rendez-vous est affiché.

**7** Remplissez les champs et appuyez sur le bouton avec la disquette, en bas de l'écran, pour sauvegarder le rendez-vous.

**8** En appuyant sur le bouton du mode mensuel, le calendrier du mois en cours est affiché.

**9** En effectuant des balayages vers le haut ou vers le bas, vous pouvez naviguer dans le temps.

**10** Appuyez sur la case d'un jour pour afficher le détail de ce jour.

# Gérer les tâches

Le calendrier de votre Windows Phone peut aussi gérer des tâches. Cela vous permet de lister des choses à faire en définissant des priorités et des échéances.

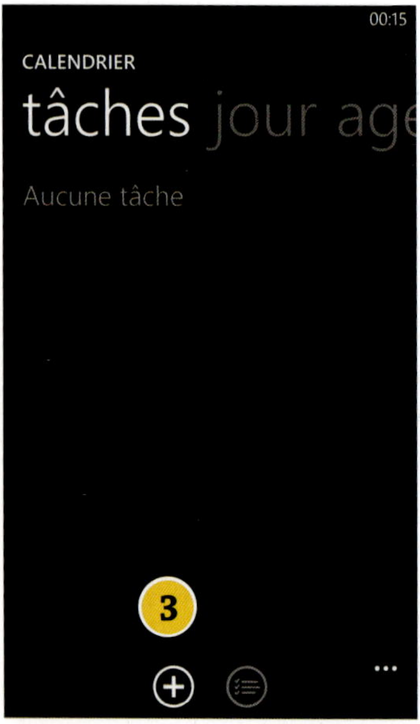


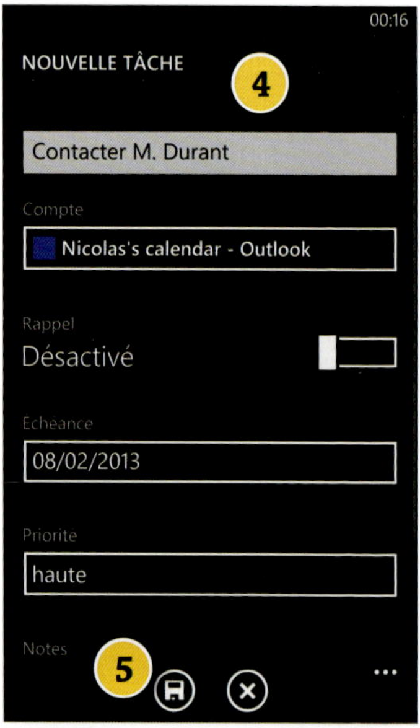


**1** Sur l'écran d'accueil de votre smartphone, appuyez sur la vignette **Calendrier**.

**2** Effectuez un balayage vers la droite pour afficher l'écran des tâches.

**3** Appuyez sur le bouton ⊕ en bas de l'écran pour créer une nouvelle tâche.

**4** Dans l'écran de création de tâches, vous devez définir l'objet, le compte à utiliser, l'échéance, la priorité ainsi qu'une note.

**5** Appuyez sur le bouton avec la disquette pour sauvegarder votre tâche.

**6** La tâche sera affichée dans la liste des tâches.

**APPUI LONG** **En effectuant un appui sur une tâche dans la liste des tâches, vous aurez accès à d'autres actions comme la possibilité de décaler rapidement la tâche d'une journée ou deux.**

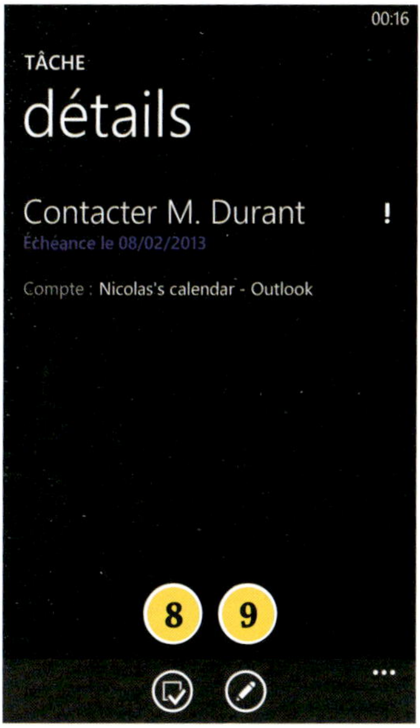


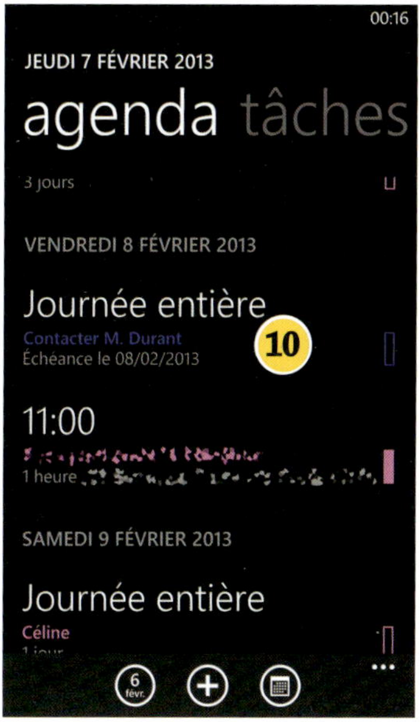


**7** Si vous avez terminé une tâche, appuyez dessus dans la liste des tâches.

**8** Dans l'écran suivant, appuyez sur ce bouton pour définir la tâche comme accomplie.

**9** Vous pouvez modifier une tâche en appuyant sur ce bouton.

**10** Si vous avez défini une échéance pour la tâche, celle-ci est affichée dans l'agenda.

# Faire des calculs

Lorsqu'on travaille, on est souvent amené à faire des calculs. Votre smartphone dispose d'une calculatrice à double affichage, l'un simple, l'autre scientifique.

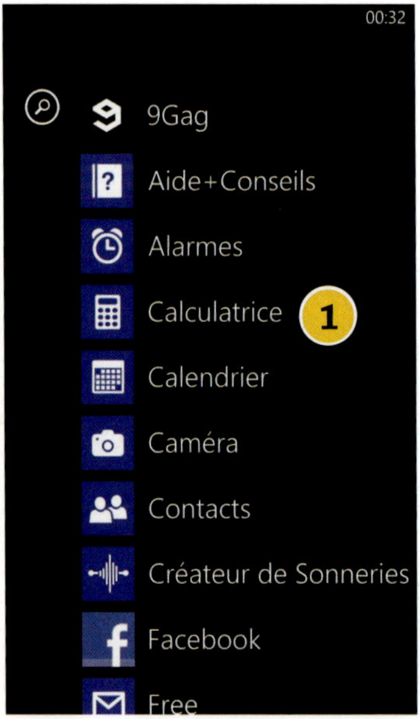


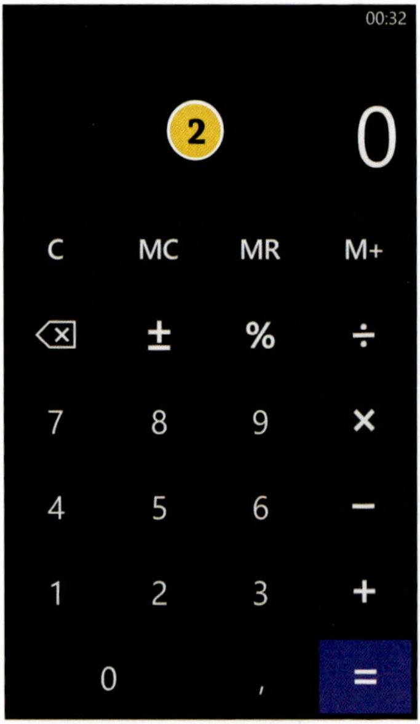


**1** Sur l'écran d'accueil, effectuez un balayage vers la gauche puis, dans la liste d'applications, appuyez sur **Calculatrice**.

**2** La calculatrice est affichée dans le mode simple.

**COPIE IMPOSSIBLE** Malheureusement, il n'est pas possible de copier le résultat d'un calcul pour le coller dans une autre application ou un autre document comme un document Word ou un e-mail.

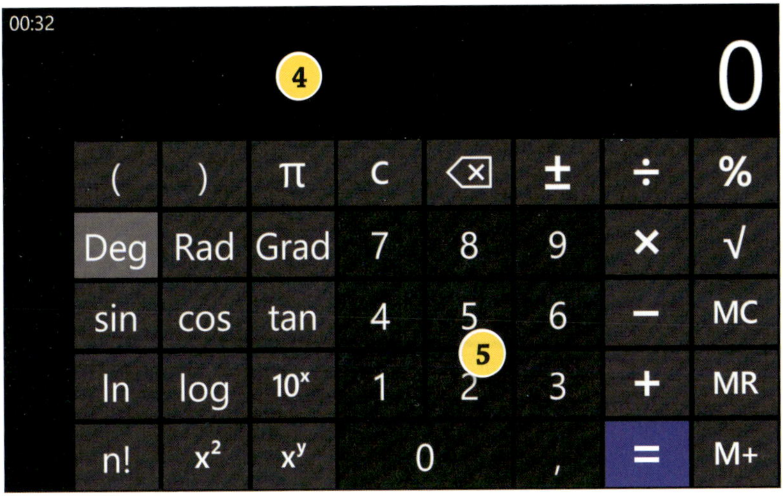


**3** Pour afficher le mode scientifique, basculez votre téléphone sur le côté, comme pour prendre une photo.

**4** Le mode scientifique est affiché.

**5** Appuyez sur les touches pour effectuer vos calculs.

# CHAPITRE 10

# PROTÉGER LES ENFANTS

# Activer le monde des enfants

**V**otre smartphone dispose d'un mode de fonctionnement dédié aux enfants : le monde des enfants. Avec ce mode, vous décidez ce à quoi ils ont accès tant pour les jeux et les applications que pour la musique et les vidéos. Le tout avec mot de passe.

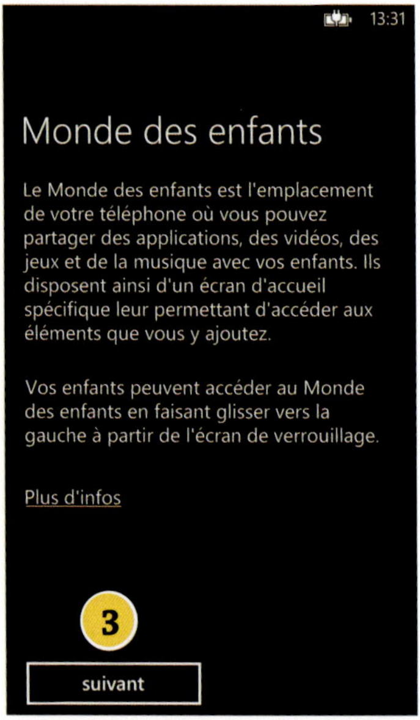


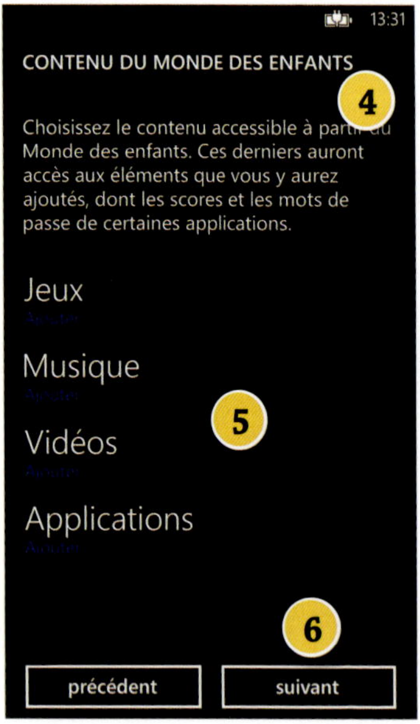


**1** Sur l'écran d'accueil, effectuez un balayage vers la gauche et, dans la liste des applications, appuyez sur **Paramètres**.

**2** Dans la liste des paramètres, effectuez un balayage vers le haut puis appuyez sur **monde des enfants**.

**3** Dans le premier écran, appuyez sur **suivant**.

**4** Dans le second écran, vous pouvez choisir ce qui sera accessible dans le monde des enfants.

**5** Appuyez sur **Ajouter** sous chaque catégorie pour choisir les éléments accessibles. Le choix des éléments est expliqué dans la fiche suivante.

**6** Appuyez sur le bouton **suivant** pour continuer.

**ACCÈS À INTERNET** **Si vous autorisez des jeux ou applications avec accès à Internet, celui-ci ne sera pas bloqué. Vérifiez les paramètres des jeux ou applications que vous partagez avec le monde des enfants.**

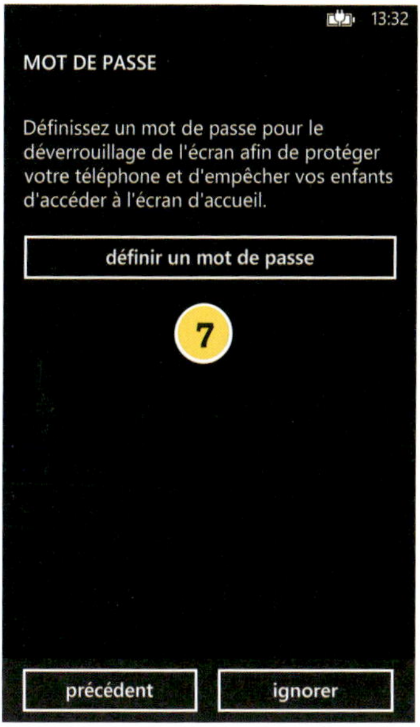


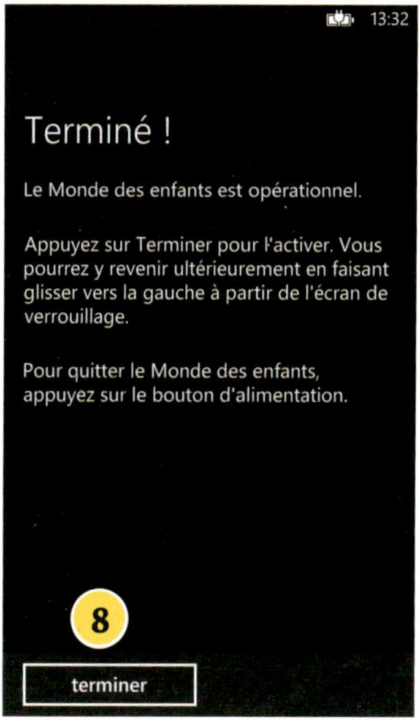


7 Dans l'écran suivant, appuyez sur **définir un mot de passe** afin de sécuriser votre écran d'accueil.

8 Une fois le mot de passe défini, le monde des enfants est paramétré. Appuyez sur **terminer**.

# Gérer le contenu

C'est vous qui déterminez ce qui peut être partagé avec le monde des enfants parmi vos jeux, applications, musiques et vidéos. Vous pouvez modifier ces partages à tout moment sans même redémarrer votre smartphone.

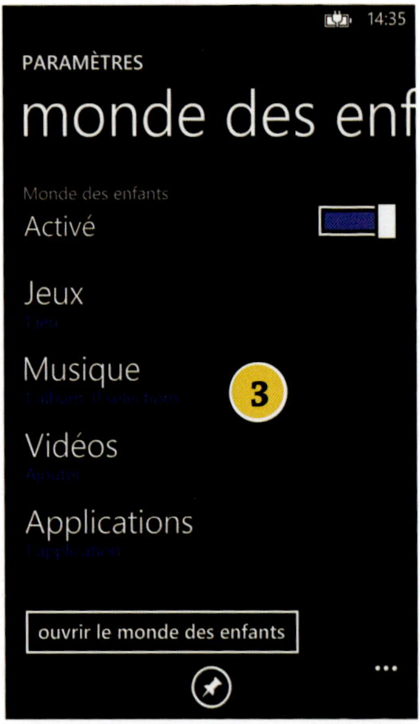


**1** Sur l'écran d'accueil, effectuez un balayage vers la gauche et, dans la liste des applications, appuyez sur **Paramètres**.

**2** Dans la liste des paramètres, effectuez un balayage vers le haut puis appuyez sur **monde des enfants**.

**3** Appuyez sur l'une des catégories pour gérer le contenu.

**SUR L'ÉCRAN D'ACCUEIL** **Pour accéder plus rapidement aux paramètres du monde des enfants, vous pouvez créer une vignette sur votre écran d'accueil en appuyant sur l'épingle en bas de l'écran de l'étape 3.**

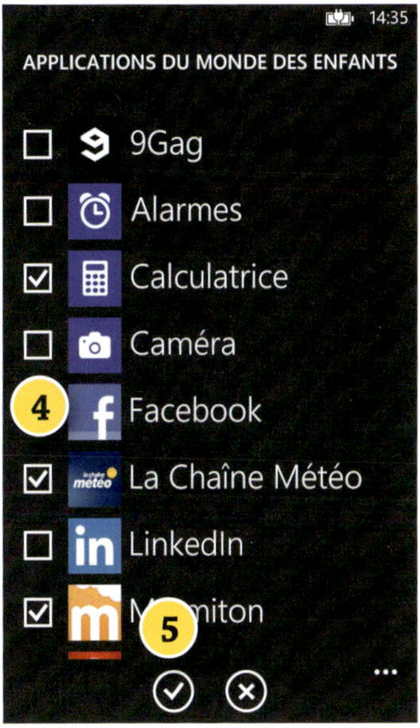


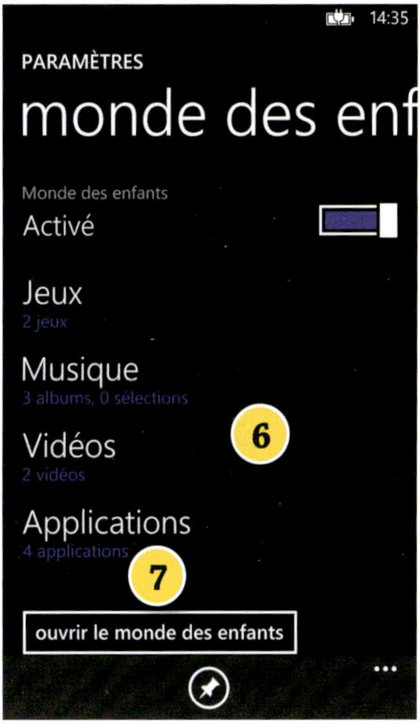


**4** Cochez les cases des éléments que vous voulez partager avec le monde des enfants.

**5** Appuyez sur la coche, en bas de l'écran, pour valider.

**6** Recommencez la même procédure pour chaque catégorie.

**7** L'écran de paramétrage du monde des enfants affiche le nombre d'éléments partagés pour chaque catégorie.

# Basculer entre les comptes

Pour basculer de votre monde à celui des enfants, vous êtes obligé de faire une manipulation spéciale en passant par l'écran de verrouillage. Et l'inverse n'est possible qu'en détenant le mot de passe.

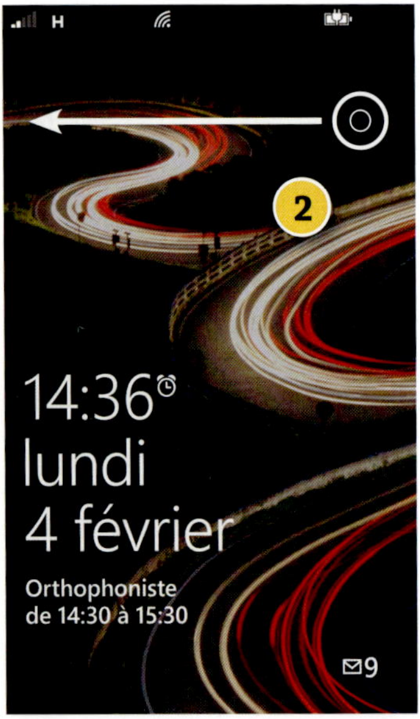

**1** Mettez votre smartphone en veille puis activez-le.

**2** Sur votre écran de verrouillage, effectuez un balayage vers la gauche.

**3** L'écran de verrouillage du monde des enfants est affiché.

**4** Comme pour votre écran de verrouillage, il faut effectuer un balayage vers le haut pour accéder au contenu du monde des enfants.

**UN AUTRE MOYEN** Si vous avez créé la vignette sur votre écran d'accueil, vous pouvez appuyer, dans les paramètres du monde des enfants, sur "ouvrir le monde des enfants". L'écran de verrouillage du monde des enfants sera affiché. Par contre, pour revenir vers votre compte, pas d'autres choix que celui expliqué dans cette fiche.

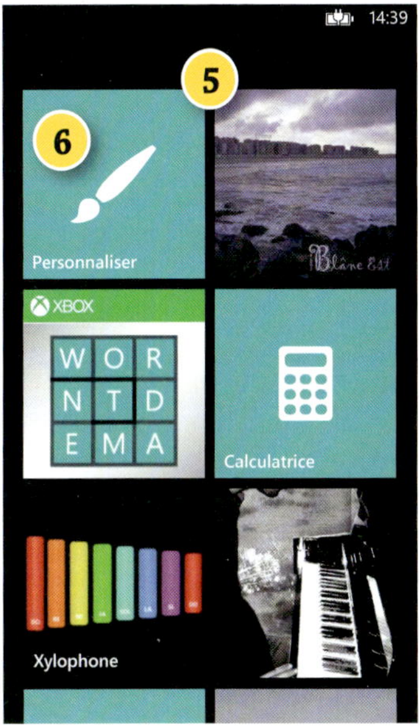


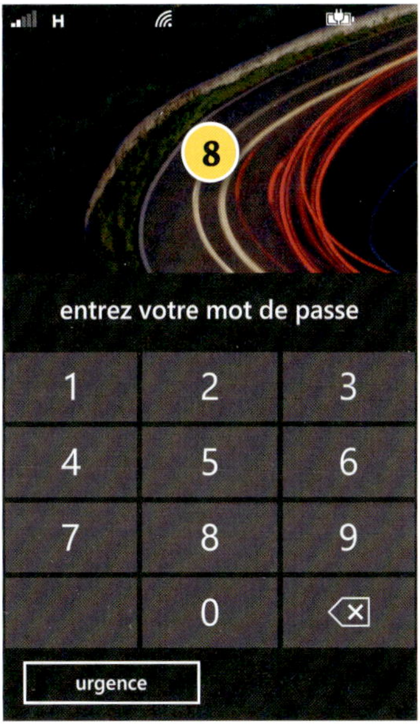


**5** Les éléments paramétrés pour être partagés sont affichés sur l'écran d'accueil du monde des enfants.

**6** La vignette **Personnaliser** permet de paramétrer certains éléments du monde des enfants comme le nom du monde des enfants, la couleur de l'arrière-plan ou encore la couleur du thème.

**7** Pour revenir à votre compte, mettez votre smartphone en veille puis activez-le.

**8** Votre écran de verrouillage est affiché. Effectuez un balayage vers le haut et saisissez le mot de passe défini.

# CHAPITRE 11

# PERSONNALISER VOTRE SMARTPHONE

# Modifier les vignettes

La taille et la position des vignettes de l'écran d'accueil de votre smartphone ne sont pas figées. Vous pouvez les modifier et les réarranger comme bon vous semble. Ainsi, vous pouvez mettre vers le haut les éléments les importants, et les moins importants vers le bas.

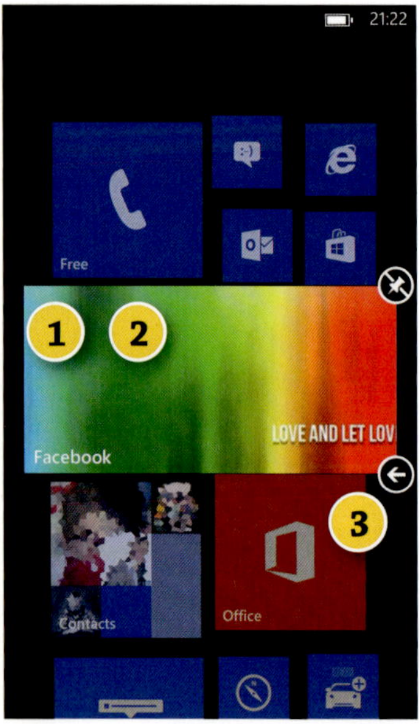


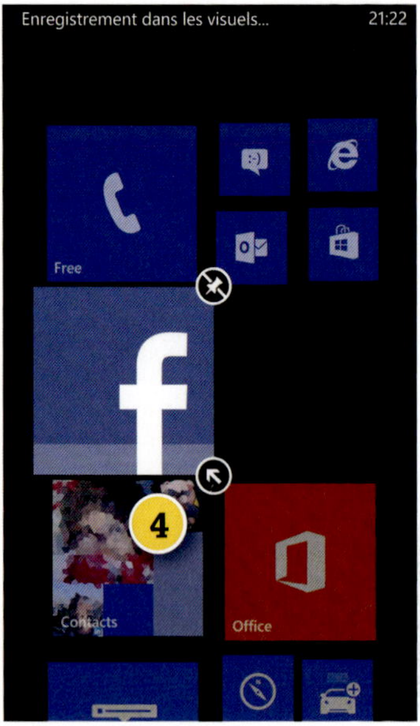


1 Pour modifier la taille d'une vignette, effectuez un appui long dessus.

2 La vignette choisie se met légèrement en avant.

3 Les vignettes ont trois tailles : petit carré, grand carré et rectangle. Vous pouvez basculer entre ces trois tailles en appuyant sur la flèche en bas à droite.

4 Appuyez de nouveau dessus pour passer à l'autre taille.

**QUE DES CARRÉS Certaines vignettes d'applications n'ont que deux tailles : petit carré et grand carré. C'est le cas, par exemple, pour Internet Explorer, Office Mobile ou encore Outlook Mobile.**

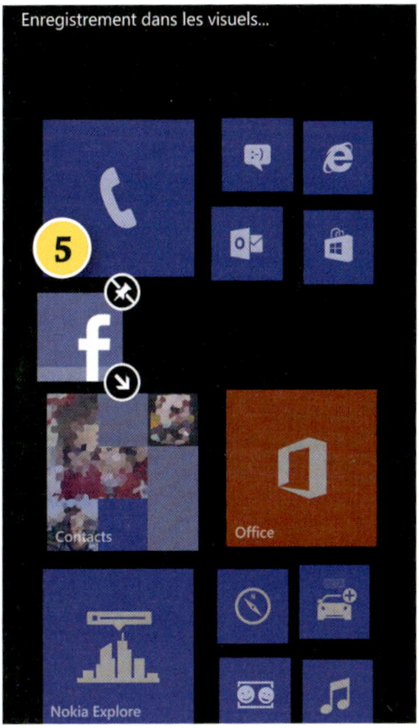


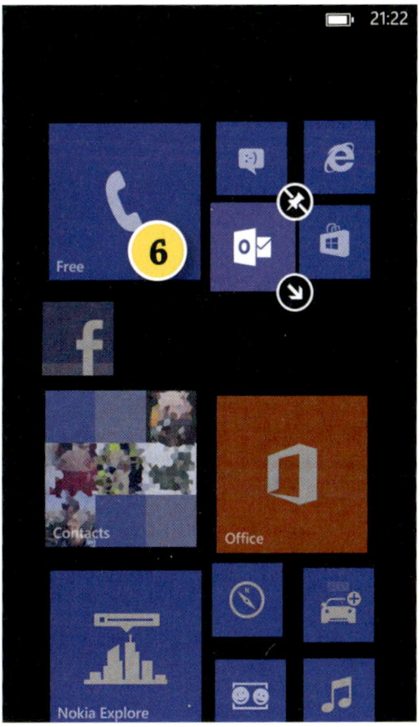


5 Dans sa taille la plus petite, la vignette n'affiche plus de contenu dynamique, mais uniquement le logo de l'application ou de la fonction.

6 Tant que vous êtes sur la personnalisation de la taille d'une vignette, vous pouvez appuyer sur une autre vignette pour la sélectionner et modifier sa taille.

# Modifier les vignettes

Après la taille, la position des vignettes. Vous pouvez épingler des applications sur votre écran d'accueil et modifier la position des vignettes. Ainsi, votre écran d'accueil sera agencé selon vos désirs.

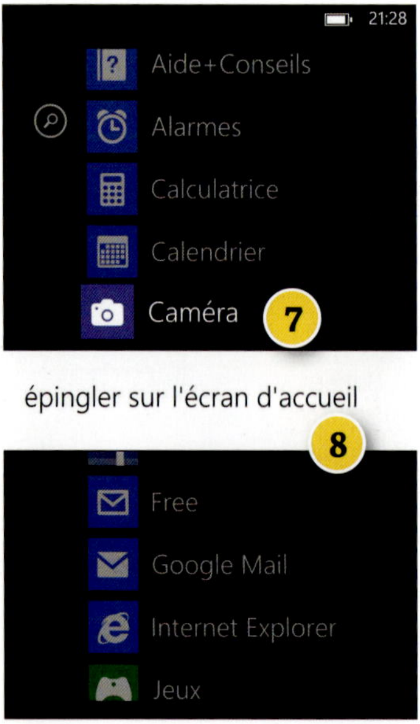


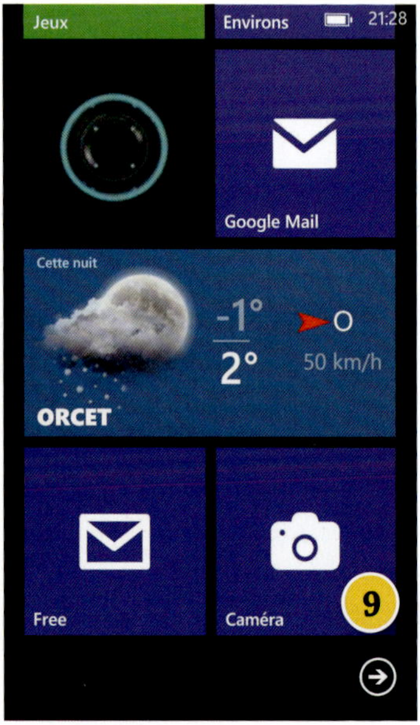


7 Pour épingler une application sur l'écran d'accueil, effectuez un balayage sur votre écran d'accueil puis, dans la liste d'application, effectuez un appui long sur le nom de l'application.

8 Dans le menu qui s'affiche, appuyez sur **épingler à l'écran d'accueil**.

9 La vignette de l'application se place automatiquement en bas de votre écran d'accueil sous forme de grand carré.

**TOUT LE TEMPS Vous pouvez modifier en permanence l'aspect de votre écran d'accueil. Dès que vous ajoutez une nouvelle vignette, il peut être nécessaire de réorganiser tout votre écran d'accueil.**

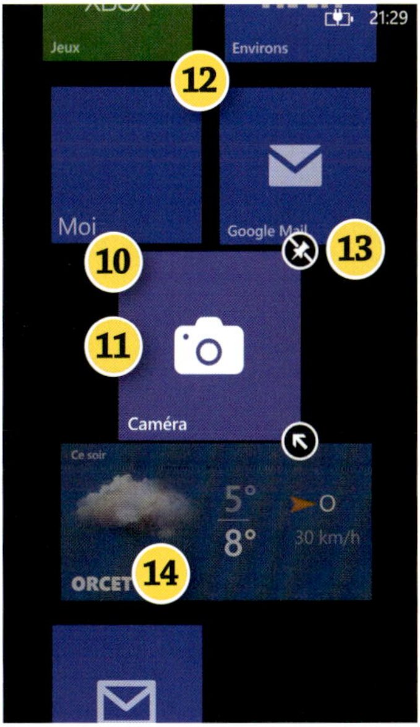


10 Pour modifier la position d'une vignette, effectuez un appui long sur la vignette et conservez la pression.

11 Au bout de 2 secondes, la vignette est sélectionnée. Tout en conservant la pression, déplacez la vignette sur votre écran d'accueil.

12 Le réagencement des autres vignettes se fait automatiquement.

13 L'épingle barrée en haut à droite de la vignette sélectionnée permet d'enlever la vignette de l'écran d'accueil, mais ne supprime pas l'application.

14 Pour finir, appuyez en dehors de la vignette sélectionnée.

# Économiser la batterie

L'un des problèmes des appareils portables, quels qu'ils soient, est l'autonomie. Lorsque vous êtes en déplacement et que les moments pour recharger votre smartphone ne sont pas légion, vous pouvez activer l'économiseur de batterie. Certains services automatiques, comme la recherche d'e-mails, sont désactivés.

**1** Effectuez un balayage gauche sur l'écran d'accueil de votre smartphone.

**2** Dans la liste des applications, appuyez sur **Paramètres**.

**3** Dans la liste des paramètres, appuyez sur **économiseur de batterie**.

**4** Pour activer l'économiseur de batterie, appuyez sur le switch.

**5** Appuyez sur **avancés** pour choisir le mode d'action de l'économiseur de batterie.

**ÉCONOMIE PERSONNALISÉE Pour économiser votre batterie, vous pouvez mettre en sommeil certains éléments de communication lorsque vous n'en avez pas besoin pendant une longue période. Par exemple, passez en mode avion lorsque vous dormez.**

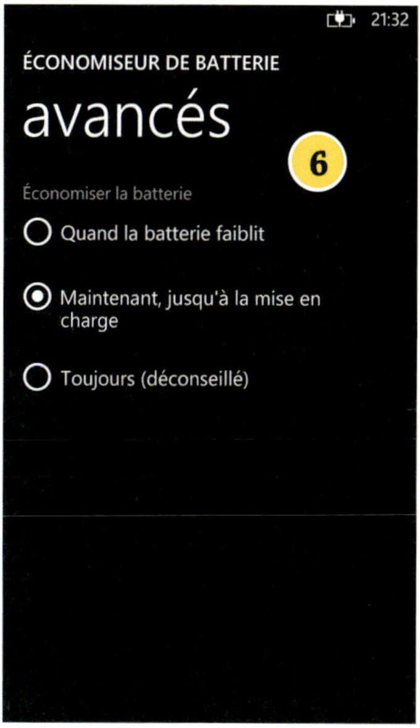


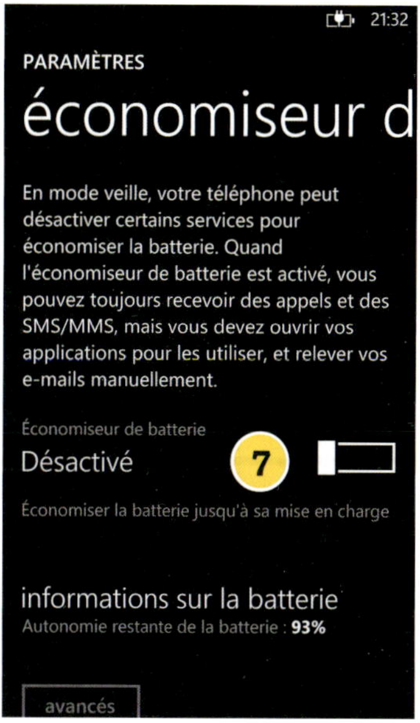


6 Les trois modes d'action sont affichés. Appuyez sur celui de votre choix puis utilisez le bouton **retour** ou **Windows**.

7 Vous pouvez désactiver l'économiseur de batterie à tout moment en appuyant de nouveau sur le switch.

# Personnaliser l'écran de verrouillage

Par défaut, l'écran de verrouillage affiche une photo. Vous pouvez la modifier à tout moment ou choisir un fond d"écran qui change dynamiquement.

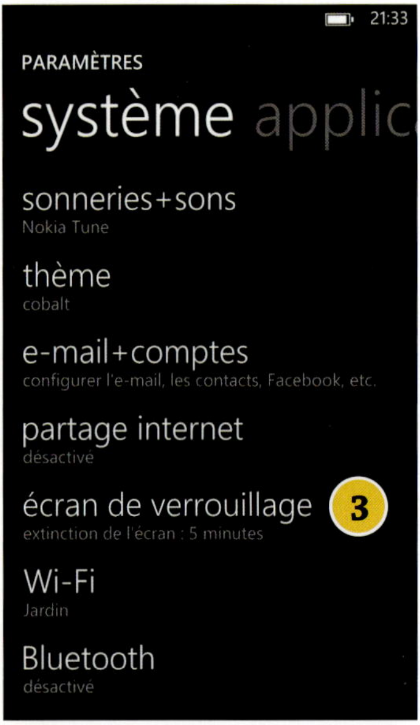

1 Effectuez un balayage gauche sur l'écran d'accueil de votre smartphone.

2 Dans la liste des applications, appuyez sur **Paramètres**.

3 Dans la liste des paramètres, appuyez sur **écran de verrouillage**.

4 Appuyez sur **Arrière-plan** pour choisir le type d'arrière-plan.

**CONNEXION INTERNET Si vous sélectionnez pour votre arrière-plan d'écran de verrouillage les options Bing ou Facebook, une connexion Internet est nécessaire pour télécharger les photos qui seront affichées.**

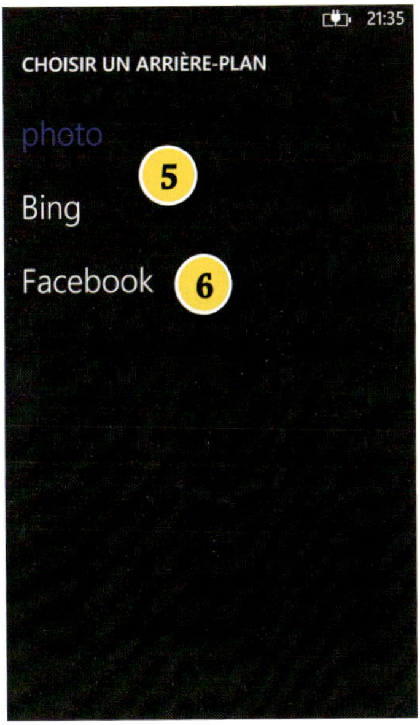

**5** Vous avez le choix entre **photo**, une photo présente sur votre smartphone, et **Bing** pour une photo du moteur de recherche de Microsoft. D'autres éléments peuvent s'ajouter comme ici **Facebook**.

**6** Avec l'option **Facebook**, appuyez sur **ouvrir l'application**.

**7** Dans l'écran de paramétrage, sélectionnez quel type d'albums devra être utilisé.

**8** Sélectionnez ensuite une disposition.

**9** Appuyez sur cette coche pour valider vos choix.

**10** Appuyez sur la touche **Windows** pour finir.

# Personnaliser les sons

Beaucoup d'évènements de votre smartphone provoquent un son. Un appel, un rappel, l'arrivée d'un SMS, d'un e-mail, etc. Vous pouvez personnaliser certains de ces sons.

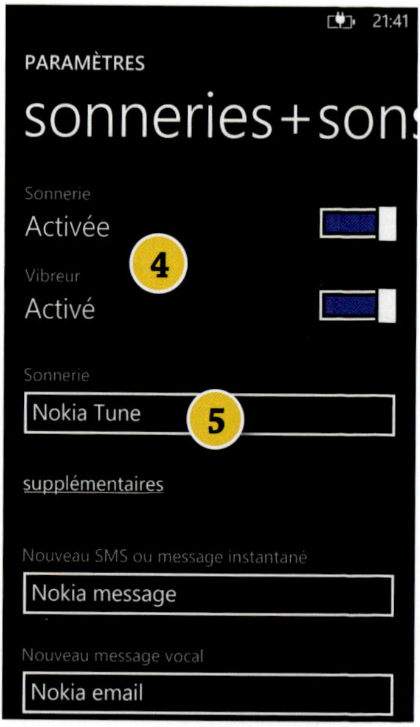


1 Effectuez un balayage gauche sur l'écran d'accueil de votre smartphone.

2 Dans la liste des applications, appuyez sur **Paramètres**.

3 Dans la liste des paramètres, appuyez sur **sonneries+sons**.

4 Avec les switchs **Sonnerie** et **Vibreur**, vous pouvez activer ou désactiver les éléments correspondants.

5 Cliquez sur **Sonnerie** pour choisir le son à associer à l'arrivée d'un appel téléphonique.

**SONNERIE PERSONNALISÉE Nokia met à disposition gratuitement une application, Nokia Créateur de sonnerie, qui vous permet de créer des sonneries à partir de vos fichiers audio. Elle est disponible sur le Windows Store.**

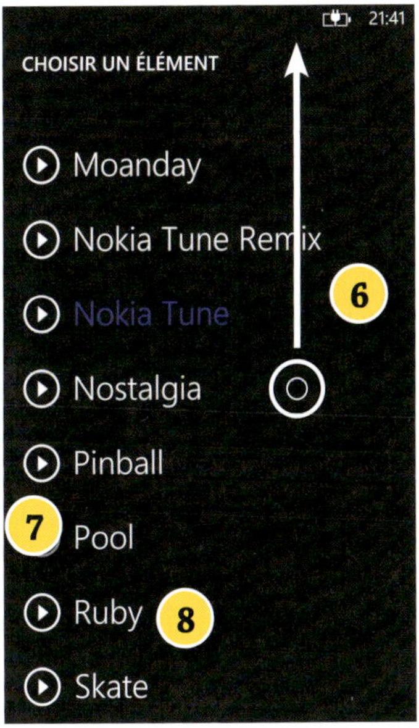

**6** Dans la liste des sons, effectuez un balayage vers le haut pour parcourir les sons.

**7** Appuyez sur le triangle dans un rond devant le nom d'un son pour l'écouter.

**8** Appuyez sur le nom d'un son pour le choisir.

**9** Vous pouvez aussi définir des sons pour d'autres évènements.

**10** Vous pouvez aussi activer ou désactiver les sons pour certains évènements en cochant ou décochant les cases de votre choix.

# GLOSSAIRE

**3G**
La 3G est une norme de téléphonie mobile dite de troisième génération. Elle permet principalement d'atteindre de hauts débits pour Internet, jusqu'à 42Mb/s, de recevoir la télévision et d'effectuer des appels vidéo.

**4G**
La 4G est une norme de téléphonie mobile dite de quatrième génération en cours de déploiement en France. Le débit Internet peut atteindre jusqu'à 1 Gb/s à l'arrêt et 100 Mb/s en mouvement.

**Arrière-plan**
L'arrière-plan est la photo affichée sur l'écran de verrouillage du compte principal et du compte du monde des enfants. Chacun peut être personnalisé.

**Balayage**
C'est l'action d'appuyer sur l'écran, de maintenir la pression et de faire glisser le doigt. Cela sert principalement à faire défiler les éléments à l'écran ou d'une page Internet.

**Carte SIM**
Morceau de plastique contenant une puce électronique et un microcontrôleur. Elle contient des informations spécifiques à l'abonné, au réseau téléphonique utilisé, des données personnelles ou celles liées à des applications.

**Clavier virtuel**
Clavier affiché sur l'écran du smartphone qui remplace un clavier physique pour la saisie de texte.

**Cloud computing (informatique dans le nuage)**
Utilisation de serveurs distants *via* Internet pour stocker des données ou exécuter des tâches traditionnellement faites sur des serveurs locaux. Microsoft SkyDrive est un exemple de Cloud computing.

**Codec vidéo**
Abréviation de COmpression-DECompression. Dispositif matériel ou logiciel capable de compresser et/ou de décompresser une vidéo ou un son afin de réduire sa taille.

**Compte Microsoft**
Compte utilisateur permettant l'accès à plusieurs services gratuits ou payants de Microsoft comme Outlook.com, SkyDrive, Hotmail, etc.

**Compte IMAP**
Compte e-mail utilisant le protocole IMAP qui permet la synchronisation d'un logiciel de gestion d'e-mails avec les serveurs. Ce compte permet la gestion du compte par plusieurs clients de messagerie.

**Compte POP**
Compte e-mail utilisant le protocole POP permettant la récupération des e-mails sur un serveur, mais d'en

laisser. Ce protocole ne permet pas la gestion du compte par plusieurs clients de messagerie.

### Connecteur Micro USB
Type de connecteur utilisant la norme USB de taille réduite. Permet la connexion du smartphone à un ordinateur.

### Connexion de données
Utilisation du réseau téléphonique pour transférer des données. La principale utilisation de la connexion de données est la connexion à Internet.

### Écran d'accueil
Écran qui s'affiche après déverrouillage du smartphone sur lequel sont affichées les vignettes de vos applications ou services.

### Écran de verrouillage
Écran qui s'affiche après la mise sous tension du smartphone. Un mot de passe peut être associé à l'écran de verrouillage pour sécuriser l'accès au contenu.

### Émoticônes
Symbole utilisé pour transcrire une émotion, un état d'esprit, une attitude, etc. C'est l'association de deux ou trois caractères qui permet la création d'un symbole comme :) pour signifier un personnage qui sourit.

### Équilibre des blancs
Autrement appelé balance des blancs, c'est un système qui permet de garder la blancheur des éléments blancs lors d'une prise de vue.

### Facebook
Réseau social le plus fréquenté permettant de communiquer et d'échanger des informations (photos, vidéos, texte, etc.) avec d'autres personnes.

### Favoris
Appellation donnée à un raccourci vers un site Internet enregistré dans le navigateur Internet Explorer.

### Gmail
Service d'e-mail gratuit de Google.

### GPS
Abréviation de Global Positioning System. Système de géolocalisation mondial utilisant des satellites émettant un signal capté par une puce dans un appareil.

### HotSpot
Autre nom souvent utilisé pour une borne d'accès Wi-Fi gratuit ou payant.

### ISO
Échelle qui mesure la sensibilité du capteur. Plus la sensibilité est haute, moins il faut de lumière au capteur, mais l'image aura un grain plus important.

# GLOSSAIRE

**Itinérance (roaming)**
Faculté pour un abonné d'utiliser les services d'un autre opérateur. C'est principalement utilisé lors de déplacement à l'étranger, mais peut entraîner un surcoût.

**LinkedIn**
Réseau social orienté dans le développement du réseau professionnel.

**Localisation**
Faculté à un smartphone de localiser votre position par l'utilisation du système GPS, le réseau téléphonique ou la connexion Wi-Fi.

**MMS**
Abréviation de Multimedia Messaging Service. Évolution du SMS permettant l'adjonction de pièces jointes telles que photos ou vidéos. Tous les téléphones ou smartphones ne sont pas capables de gérer les MMS.

**Monde des enfants**
Compte spécial du smartphone dont le contenu est défini par l'utilisateur principal.

**Office Mobile**
Version spéciale de Microsoft Office destinée aux appareils mobiles fonctionnant avec Windows Phone. Elle comporte des versions allégées de Word, Excel et PowerPoint.

**Onglets**
Système utilisé dans les navigateurs Internet pour afficher plusieurs pages dans une seule fenêtre.

**Outlook.com**
Service d'e-mail gratuit de Microsoft.

**Partage de connexion**
Faculté pour un smartphone de partager sa connexion de données pour que d'autres appareils se connectent en Wi-Fi et utilisent Internet. Dépend aussi du forfait téléphonique.

**Pincer**
Action d'appuyer avec deux doigts sur l'écran, de maintenir la pression et de les rapprocher. Permet, le plus souvent, dans une application de réduire le zoom.

**Reconnaissance vocale**
Capacité de votre smartphone à reconnaître votre voix et à exécuter des tâches ou à retranscrire en texte votre dictée. Nécessite une connexion à Internet.

**SkyDrive**
Service de stockage de données dans le nuage de Microsoft. Le compte de base est gratuit, l'augmentation de la capacité est payante.

**Skype**
Logiciel de communication de Microsoft permettant de communiquer soit par message texte, soit par visioconférence ou par appel téléphonique. Ces derniers sont gratuits entre utilisateurs Skype, mais payants vers les téléphones fixes et mobiles.

**Smartphone**
Téléphone mobile évolué permettant, en plus de la téléphonie, de se connecter à Internet, de recevoir la télévision, etc. Il dispose généralement d'un grand écran tactile.

**SMS**
Abréviation de Short Message Service. Permet d'échanger des messages de texte d'une longueur maximale de 160 caractères.

**Streaming**
Action de lire en continu et en direct une source audio et/ou vidéo à partir d'Internet.

**Thème**
Choix d'une couleur principale pour les vignettes et le texte de votre smartphone.

**Twitter**
Système de microbloging qui permet de publier des messages de 140 caractères au maximum.

**Valeur d'exposition**
Désigne la quantité de lumière reçue par le capteur durant une période.

**Vignette**
Rectangle ou carré (petit ou grand) permettant de démarrer une application ou d'accéder à un service de votre smartphone.

**Wi-Fi**
Système de communication sans fil entre plusieurs appareils.

**Windows Store**
Boutique en ligne de Microsoft permettant d'acheter et de télécharger des applications et de la musique.

**Copyright © 2013 :** MA Éditions
88 ter, avenue du Général-Leclerc
92100 Boulogne-Billancourt
1ère Édition - mars 2013

**Auteur :** Nicolas Boudier-Ducloy
**Mise en page :** Zeng Communication



ISBN : 978-2-822-402088
ISSN : 1951-9990

# INDEX

# INDEX

# INDEX

# INDEX



09/14